일그러진 복음

Counterfeit Gospels
by Trevin Wax

This book was first published in the United States by Moody Publishers,
820 N. LaSalle Blvd., Chicago, Illinois, 60610,
with the title Counterfeit Gospels
Copyright ⓒ 2011 by Trevin Wax
All rights reserved.

Korean Edition published by Word of Life Press, Seoul 2012.
Translated by permission.
Printed in Korea.

일그러진 복음

ⓒ 생명의말씀사 2012

2012년 1월 25일 1판 1쇄 발행
2024년 10월 10일   2쇄 발행

펴낸이 | 김창영
펴낸곳 | 생명의말씀사

등록 | 1962. 1. 10. No.300-1962-1
주소 | 서울시 종로구 경희궁1길 6 (03176)
전화 | 02)738-6555(본사) · 02)3159-7979(영업)
팩스 | 02)739-3824(본사) · 080-022-8585(영업)

기획편집 | 김정옥, 이은정
디자인 | 오수지
인쇄 | 주손디앤피
제본 | 주손디앤피

ISBN 978-89-04-03128-3 (03230)

저작권자의 허락 없이 이 책의 일부 또는 전체를
무단 복제, 전재, 발췌하면 저작권법에 의해 처벌을 받습니다.

일그러진 복음

COUNTERFEIT GOSPELS

복음의 탈을 쓰고 교회를 농락하는
우리 안의 일그러진 복음들!

트레빈 왁스 지음 | 김태곤 옮김

생명의말씀사

● 이 책에 대한 찬사들

오늘날 복음주의자들은 '우리가 믿고 선포하는 복음은 어떤 것인가?' 라는 질문을 던진다. 트레빈 왁스는 이 문제를 읽기 쉽고 유용하게 정리해준다. 그는 복음 이야기를 제대로 이해하지 못하고 교회에서 복음이 체현되지 않을 경우, 복음 선포가 불완전해질 수 있음을 보여준다.

_ 토머스 R. 슈라이너 (남부 침례교신학교 신약 해석학 교수)

교회의 사명과 메시지를 명쾌하게 제시한다. 통찰과 예화가 풍부하며 시사하는 바가 많고 읽기도 쉽다. 오늘날의 복음주의에 대해 이보다 더 유익한 설명과 처방을 제시하는 책은 만나기 힘들 것이다. 복음으로 돌아가라!

_ J. D. 그리어 ('더 서밋 교회'의 목사이며 *Breaking the Islam Code*의 저자)

오늘날의 교회에 가장 필요한 것은 진짜 복음과 가짜 복음을 제대로 이해하는 것이다. 위조품이 판치는 시대에는 그런 명확성이 절실히 요구된다. 복음이라는 가장 위대한 이야기의 본질과 의미를 트레빈은 명쾌하고 설득력 있게 제시한다.

_ 대린 패트릭 ('더 저니'의 목사이며 *Church Planter* 저자)

일그러진 복음, 뒤틀린 복음의 함정을 창의적이며 호소력 있게 분석하여, 기독교의 온전한 복음을 잘 묘사했다.

_ 조쉬 무디 ('칼리지 교회'의 목사이며 *No Other Gospel*의 저자)

예수님의 대속의 죽음과 영광스러운 부활의 성경적 복음이 구원을 제공한다. 그러나 십자가 보혈을 배제하고 빈 무덤을 무시하는 가짜 복음들은 저주를 제공한다. 트레빈 왁스는 참된 것과 그릇된 것을 선명하게 구별한다. 진짜는 별로 없고 갖가지 위조품들이 유혹하고 기만하는 이 시대에 이 책은 교정용으로 절실히 필요하다. 복음은 영원한 운명과 관련된 것이다. 한 치의 착오도 없어야 한다.

_ 대니얼 L. 아킨 (사우스이스턴 침례교신학교 학장)

트레빈 왁스는 수많은 교인을 함정에 빠트려온 교묘한 속임수들을 드러냄으로써 교회에 큰 유익을 주었다. 복음보다 더 중요한 주제는 없으며, 복음의 능력에 대해 이 책만큼 잘 설명한 것도 극히 드물다.

_ 매튜 리 앤더슨 (MereOrthodoxy.com의 블로거이며 *Earthen Vessels*의 저자)

'복음이란 무엇인가?'는 엉뚱하고 불필요한 물음처럼 보이다. 하지만 그렇지 않다. 그것은 오늘날 더 많은 토론을 필요로 하는 본질적인 물음이다. 트레빈 왁스는 복음과 그 의미를 진지하게 숙고하도록 본질적인 도구를 제시한다.

_ 에드 스테처 (라이프웨이 크리스천 리소시즈, 연구 및 사역 개발부 부대표)

트레빈 왁스는 교회를 올무에 빠트리려고 위협하는 일그러진 가짜 복음들을 규명하고 비판해왔다. 이 탁월한 저서는 예수 그리스도의 복음을 더 깊이 사랑하도록 도와준다.

_ 콜린 한센 ('가스펠 콜리션' 편집 책임자이며 *A God-Sized Vision: Revival Stories That Stretch and Stir*의 공동 저자)

사탄은 노골적으로 복음을 부인하게 할 수 없을 때, 성경의 한 부분이 다른 부분과 상충되는 것처럼 보이게 한 다음에 교회로 하여금 복음 내용을 약간 수정하고 변형시키며 재해석하도록 부추긴다. 하지만 왁스는 마귀의 술책을 폭로한다. 이 책은 이 교활한 변형 작업의 현황을 분석하며, 참된 것과 위조품을 식별하도록 도와준다. 매우 유용하고 통찰력 있는 책이다.

_ 조나단 리먼 (9Marks의 편집 책임자이며 *Reverberation*의 저자)

이 책에서 트레빈 왁스는 복음을 교활하게 위조하는 여러 방식과 그렇게 하는 이유를 잘 보여준다. 여섯 가지 흔한 위조품에 대한 진단은 공정하고 통찰력 있고 유용하며, 우리로 하여금 올바른 행로를 유지하도록 도와준다. 하지만 이같이 예리한 평가보다 훨씬 더 탁월한 것은 이야기, 선포, 공동체에 초점을 맞춘 그의 확고한 복음관이다. 그리스도인들이 이것을 이해한다면, 수많은 위조품에 속아서 진짜 복음을 놓치는 일은 없을 것이다.

_ 짐 벨처 (*Deep Church*의 저자)

'다른' 복음들로 가득한 세상에서 트레빈 왁스는 예수 그리스도의 참된 복음을 지켜야 한다는 소명을 우리에게 상기시킨다. 당신이 그리스도의 복음을 나누거나 가르치거나 설교하거나 믿는다면 이 책을 읽어야 한다. 본서는 우리에게 맡겨진 복음 메시지의 단순함과 명쾌함을 보존할 것을 상기시킨다. 이 책을 읽고 나는 도전과 격려를 받았다.

_ 앤서니 카터 ('이스트포인트 교회'의 목사이며 *Glory Road*의 저자)

탁월한 재능을 지닌 내 친구 트레빈 왁스는 21세기 교회를 현대주의로부터 복음으로 돌이키는 일에 여러 복음주의자들과 협력하고 있다. 복음이 단지 그리스도인의 삶에 불을 붙일 뿐만 아니라, 그 삶을 유지시키고 성장케 하는 연료 역할도 한다는 사실을 그는 잘 이해하고 있다. 그래서 우리는 복음을 명확하게 알아야 한다. 그렇지 않으면 탈이 날 것이다. 이 탁월한 책을 읽는 자들이 복음의 길이와 넓이를 더욱 잘 이해하여 필요한 것을 풍성히 공급하시는 하나님께 매일 단단히 붙들리기를 기도한다.

_ 튤리안 차비진 ('코럴 리쥐 장로교회'의 목사이며 리폼드신학교 신학 객원 교수)

나쁜 음식은 아무리 맛있어도 건강에 해롭듯이, 일그러진 가짜 복음은 언제나 영적 건강을 위협한다. 왁스는 오늘날의 일그러진 복음들을 명쾌하게 분석한다. 교회의 건강을 위한 좋은 약이다.

_ J. I. 패커 (리전트 대학 신학 교수)

● 추천의 글

　지난 여름 아내 로렌과 나는 주방을 리모델링했다. 우리는 오래된 집에 살고 있고, 주방은 말 그대로 허물어질 지경이었다. 그러나 새 주방은 더 넓어지고 더 편리해졌다. (어린 자녀가 셋인 집에는 이 점이 절실하다!) 새 주방으로 물건을 다시 들이면서 더 넓어진 공간을 실감했다. 서랍들이 특히 편리해졌다. 은제품, 구이용 도구, 나이프, 요리용 도구 등을 각각 따로 두어도 될 정도다.
　잡동사니들을 넣을 서랍도 마련했다. 그 서랍에는 무엇이든 집어넣는다. 현재 거기에는 배터리, 철사, 종이집게, 연필과 펜, 영수증, 아이의 캐릭터 인형들이 들어 있다. 이 서랍은 오늘날 예수 그리스도의 복음과 관련하여 일어나고 있는 현상과 유사하다.
　복음주의 진영에서 일어나고 있는 '복음 중심 사역'을 위한 외침들은 매우 고무적이다. 도서, 블로그, 대회, DVD 등에서, 사도 바울이 가장 중요하다고 말했던 것으로(고전 15:3) 되돌아가려는 움직임이 보인다. 나는 비관적인 사람이 아니지만 기독교의 교리와 신학이 서서히 그릇된 방향의 비탈길로 나아가고 있다고 생각한다. 그 비탈길이 90도 절벽이라고 생각하지는 않는다. 나는 두려움을 퍼트리는 사람은 아니다.

하지만 성경을 보면 일부 진실한 사람들이 가짜 복음을 전하는 사례들을 보여준다.

현재 나의 관심은 점진적인 표류에 있다. '복음'이라는 단어를 명확히 이해하지 못하면 그것은 우리 주방의 잡동사니 서랍처럼 된다. 애매모호해지는 것이다. 요컨대, 우리는 '복음'이라는 말에 자신이 원하는 의미를 함부로 부여할 수 있다.

내가 이 책에 대해 감사하는 이유도 바로 그 때문이다. 본서의 목표는 복음에 관해 서로 통일된 입장을 나눌 수 있게 하는 것이다. 트레빈 왁스는 성경에 언급된 복음의 참된 의미를(하나님이 알려주려 하신 의미를) 파악하도록 도와준다.

이 책을 읽는 중에 성령의 감동이 함께 하심으로써 회개할 필요가 있을 때 회개하고 예수 그리스도의 복음을 신실하고 담대하게 선포하게 되기를 기도한다.

매트 챈들러
'빌리지 교회' 담임 목사

Contents

이 책에 대한 찬사들 / 4

추천의 글 / 8

머리말 : 일그러진 복음들 vs. 가장 위대한 소식 / 12

PART 1 이야기

CHAPTER 1 복음 이야기 / 25

CHAPTER 2 치유 복음 / 49

CHAPTER 3 심판 없는 복음 / 73

PART 2 선포

CHAPTER 4 복음 선포 / 99

CHAPTER 5 도덕주의 복음 / 127

CHAPTER 6 정적주의 복음 / 151

PART 3   공동체

CHAPTER 7   복음 공동체   / 177
CHAPTER 8   행동주의 복음   / 201
CHAPTER 9   무교회 복음   / 221

끝맺는 말   / 244
감사의 말   / 254

● 머리말

일그러진 복음들 vs. 가장 위대한 소식

현대인들은 테러 시대에 살고 있다. 불안정한 나라들에서 대량 살상 무기를 만든다. 이슬람 파시스트들은 뉴욕의 타임스퀘어에 폭탄을 설치하고, 스페인에서 열차를 폭파하며, 영국 지하철을 혼란에 빠트린다. 핵 공격의 위협이 우리 마음을 줄곧 불안하게 한다.

그런데 이보다 은밀한 대량 파괴 무기가 있다. 폭발하면 전쟁만큼이나 심한 손상을 가할 수 있는 무기이다. 역사상 강력한 대량 파괴 무기들 중 하나는 위조지폐이다. 우리의 삶을 가장 심각하게 위협하는 것은 20달러 지폐에 누락된 무늬처럼 눈에 띄지 않고 자그마한 어떤 것일 수 있다.

가짜의 힘

2,000여 년 전부터 여러 나라들은 적국을 동요시키기 위해 위조화폐

를 퍼트려왔다. 미국 남북전쟁 동안, 북부인들은 남부군의 사기와 노예제 기반의 경제를 허물 목적으로 남부연합 화폐를 위조했다. 남부연합의 대통령인 제퍼슨 데이비스는 1862년에 연합회의에서 이렇게 말했다. "침략군 병사들이 엄청난 양의 위조지폐를 들고 다니면서 군 병력이 미칠 수 없는 영역인 재산을 사기적인 방법으로 약탈하고 있습니다."[1]

그 연합회의에서 한 의원은 다음과 같이 증언했다. "북군이 침략하는 곳마다……이 위조지폐들이 뿌려졌습니다! 이는 우리 정부에게 가장 파괴적인 타격을 가하는 것들 중 하나입니다. 그들의 목표는 이 나라의 통화에 대한 믿음을 깡그리 파괴하는 것입니다."[2]

화폐 가치에 큰 혼란을 조성함으로써, 북군은 남부연방 궤멸 작전에 박차를 가했다. 위조지폐가 미국에 넘쳐난다면 어떻게 될지 생각해보라. 엄청난 혼란이 일어날 것이다. 위조지폐를 면밀히 식별해내도록 사람들을 교육하는 비용만 해도 수백만 달러가 들 것이다. 위조지폐는 혼란을 야기하고 화폐 가치를 왜곡시킨다. 위조지폐는 식별하기 힘들기 때문에 물건을 사는 고객이나 사업을 통해 전국으로 확산되며 정부마저 그 영향권 안에 들게 한다.

가짜의 위협

오늘날 많은 위험이 기독교 교회를 위협하고 있다. 문화적인 변화로 인해 교회가 극단적이니 폐쇄적이니 하는 비난을 받는다. 무장 이슬람

---

[1] Jefferson Davis, 미국 연합회의 의장, 1862년, 8월 18일. *Currency Wars: How Forged Money is the New Weapon of Mass Destruction*(New York: Skyhorse, 2008), 113에서 John K. Cooley가 인용.
[2] 존 쿨리의 책 p. 127에서 인용.

세력이 증가했고, 한때 기독교 국가로 알려진 나라들에서 출산률이 하락하며, 종교적인 박해가 계속된다. 그리고 교회 지도자들의 도덕적 타락에 대한 보도가 끊이지 않는다.

하지만 기독교를 가장 위협하는 것은 현대 문화나 노골적인 이단이나 이슬람 세력의 증가가 아닐 수도 있다. 파멸의 씨앗이 위조된 것일 경우, 그 씨앗은 교회 내에 서서히 심길 수 있다. 우리는 자신도 모르는 사이에 일그러진 가짜 복음 '인쇄'에 참여할 수 있다. 우리가 복음에 대해 생각하고 말하면서 가짜 복음을 찍어내고 있다면 어떻게 되겠는가?

세상의 모든 그리스도인은 전투 중임을 자각해야 한다. 우리의 싸움은 "혈과 육을 상대하는 것이 아니요 통치자들과 권세들과……악의 영들"(엡 6:12)을 상대하는 것이다. 이 전투를 자각할 때 우리는 가짜 복음들에 대해 경각심을 가질 수 있다. 원수 마귀는 가짜 복음을 우리 교회에 퍼트려 불안과 혼란을 조성하고 성경적인 복음에 대한 확신을 잃게 만들려 한다.

그리스도인이든 비그리스도인이든 일그러진 가짜 복음에 끌릴 수 있다. 오랫동안 주님과 동행해온 자들마저 싸구려 위조 진리를 받아들일 수 있다. 왜 그럴까? 그것들이 손쉽기 때문이다. 그것들은 값이 싸다. 우리를 인기 있게 만든다.

하지만 일그러진 가짜 복음은 우리가 부요해져야 할 바로 그 시점에 우리 영혼을 궁핍하게 한다. 복음을 다른 이들과 함께 나눠야 할 바로 그때에 하나님을 향한 사랑이 고갈되게 한다. 위조품은 사탕과 같다. 입에는 달지만 영적 영양실조에 걸리게 만든다.

극단적인 경우에 일그러진 가짜 복음은 이단으로 이끌 수도 있다. 이 경우에는 성경적인 복음을 너무 심하게 왜곡시켜 곧장 지옥으로 이끈다. 그러나 대부분의 경우, 일그러진 가짜 복음은 진리를 희석시키거나 정도에서 이탈한 형태이다. 그 속에 구원의 메시지를 여전히 내포할 수 있으나 결코 우리의 영적 갈망을 채워주지 못한다. 사역을 감당할 힘이나 세상 사람 앞에서 증언할 용기를 갖게 하지도 못한다.

교회에서 발견되는 삼중의 위기

우리에게는 성경적인 복음이 있어야 한다. 그러나 너무 자주 가짜에 만족한다. 성경적인 복음으로 새로워져야 하고, 복음의 영광과 충만함을 선포해야 할 바로 그 때 이러한 갱신을 힘들게 만드는 위기가 찾아들었다. 그 위기는 세 가지 요소를 내포한다.

1. 복음에 대한 확신 결여

먼저, 우리는 삶을 변화시키는 복음의 능력에 대한 믿음을 상실했다. 종종 복음 전도자들은 복음을 가장 잘 포장하는 법에 대해 얘기한다. 어떤 이들은, "우리는 새로운 방법과 새로운 복음 제시법을 필요로 한다. 우리 문화의 다양성을 보라. 소집단 각각에 맞는 구체적이며 세밀하게 조정된 방법이 필요하다!"라고 한다. 그런가 하면, "옛 방식에는 문제가 없다. 과거에 효력을 발휘했던 것에 함부로 손대지 말라. 문제는, 새로운 개념이 아니라 이전에 하던 대로 실행하지 않는 것이다."라고 말하는 이들도 있다.

역설적이게도, 방법론을 놓고 논쟁하는 양측 모두 복음 그 자체보다는 포장에 능력이 있는 것처럼 여긴다. 오래된 포장이든 새로운 포장이든, 구원을 얻게 하는 것은 그 속의 내용이다.

내가 우려하는 것은, 우리가 구원을 주는 하나님의 능력인 복음에 대한 확신을 잃었다는 것이다. 우리가 복음을 자주 전하지 않는 한 가지 이유는 자격을 갖추지 못했다고 느끼기 때문이다. 우리는 무엇인가 잘못될까봐 우려하며 우리 자신과 복음에 대한 확신이 없다. 그러나 복음의 능력은 우리 자신이나 우리의 전달 방법에 있지 않다. 마음을 여는 능력은 오직 성령께만 있다. 전략, 방법론, 복음 제시법 등은 도구일 뿐이다. 복음 자체가 강력하며 온전히 확신할 만한 것이다.

2. 복음의 명료성 결여

어떤 이들은 복음 메시지를 포장하는 데 초점을 맞추는 반면, 어떤 이들은 메시지 자체를 고칠 필요가 있다고 확신한다. 새 시대에 걸맞은 새 복음이 필요하다고들 한다. 더 크고, 더 낫고, 더 향상된 복음이 필요하다는 것이다.

복음에 관한 최근의 논의는 기독교 복음에 대해 혼란스러울 정도로 다양한 대안들을 제시한다. 최근 몇 해 동안, 나는 '복음의 정의'들을 내 블로그에 모아왔다. '복음이란 무엇인가?'라는 질문에 대한 사람들의 답변은 다양하다. 그 내용을 보면서, 한편으로는 우리가 복음 진리의 깊이를 온전히 이해할 수는 없다는 생각이 들고, 다른 한편으로는 복음이 무엇이며 그것이 왜 중요한지를 놓고 복음주의 내에 엄청난 혼란이 존재함을 본다.

복음은 기독교 신앙의 핵심이다. 복음의 기본 메시지를 몇 분 안에 설명해보라는 요청을 받는다면, 당신은 뭐라고 하겠는가? 신앙의 핵심을 분명하게 얘기할 정도로 복음의 내용을 충분히 알고 있는가? 기독교의 기본 메시지를 충분히 전달할 수 있겠는가?

3. 복음 공동체의 결여

복음에 대한 확신과 복음의 명료함이 결여된 상태에서, 교회들은 교회다운 특성을 잃기 시작했다. 거듭거듭 여론조사를 통해 나타나는 바에 의하면, 거듭난 그리스도인임을 자처하는 사람들 중 대다수는 불신자들과 다르지 않은 방식으로 살아간다. 더 이상 복음에 대한 확신이 없고, 복음 메시지를 명료하게 이해하지도 못하는 까닭에, 교회는 사람들을 모으기 위해 정치나 예배 스타일 또는 사회 활동과 같은 다른 것들을 찾고 있다.

'나를 고무시키며 신나게 하는 것은 무엇인가? 무엇이 내 마음을 뛰게 하는가?' 하고 자문해보라. 신앙 공동체와 더불어 예수 그리스도의 복음을 기리는 일에 참여하는 것이 즐거운가? 아니면 당신의 마음과 생각이 다른 데 있고 단지 의무감에서 교회에 출석할 뿐인가? 교회는 복음에 집중하지 않고 다른 어떤 것을 결합시키려는 유혹을 늘 받고 있다.

복음은 세발의자와 같다

그러면 복음이란 무엇인가? 어떻게 하면 우리를 속이는 일그러진 가짜 복음들을 피할 수 있을까?

최근에, 복음주의 세계에서 '복음 중심'이라는 새로운 유행어를 사용하고 있다. 이 용어를 사용하는 다수는 설교와 친교와 전도 사역의 초점을 예수 그리스도의 복음에 다시 맞춤으로써 복음주의 교회들의 갱신을 모색한다. 하지만 우리가 '복음 중심'이 되려면 복음 자체를 잘 이해하는 것이 매우 중요하다.

나는 복음이 세발의자와 같다고 생각한다. 복음 메시지를 제대로 이해하려면 세 발의 다리 각각을 이해해야 한다.

복음 이야기

첫째로, 복음 '이야기'가 있다. 이는 성경에서 발견되는 가장 중요한 이야기이다. 성경은 하나님이 좋은 세상을 창조하셨으나 아담과 이브의 죄로 인해 더럽혀졌다고 말한다. 하나님은 자신의 거룩함과 우리에게 온전한 희생제물이 필요함을 계시하기 위해 율법을 주셨다. 그 온선한 희생제물은 예수 그리스도의 죽음을 통해 제공되었다. 이 예수님은 언젠가 이 땅에 다시 와서 산 자와 죽은 자를 심판하고 만물을 새롭게 하실 것이다. 복음 이야기는 창조로부터 새 창조에까지 이르는 성경의 기사로, 예수님의 죽으심과 부활에서 그 절정에 달한다.

복음 선포

세발의자의 두 번째 다리는 복음 '선포'다. 즉 하나님이-예수 그리스도의 모습으로-우리를 대신하여 완벽한 삶을 사셨고, 십자가의 죽으심을 통해 우리 죄로 인한 징벌을 당하셨으며, 하나님의 새 창조를 시작하기 위해 죽은 자 가운데서 다시 살아나셨고, 지금은 세상의 주로서 하늘 보좌에 계신다고 하는 것이다. 이 선포는 예수님과 우리를 하나님께 화목시키기 위해 그가 하신 일을 중심으로 한다. 이 선포에 대한 우리의 합당한 반응은 죄를 회개하고 우리를 위해 그가 완수하신 일을 의지하는 것이다.

복음 공동체

세발의자의 세 번째 다리는 복음 '공동체'이다. 복음 선포에 대한 우리의 반응—회개와 믿음—은 일회성 행사가 아니다. 그것은 우리 마음 깊은 곳에서 솟아나서 하나님과 그의 사랑하시는 공동체를 향한 사랑으로 넘쳐흐르는, 평생에 걸친 감사의 표현이다. 복음을 통해 우리는 하나님의 은혜를 전하며, 예수 그리스도에 관한 소식을 전파하는 사람이 된다. 하나님은 복음 메시지를 구현하는 공동체가 되라고 교회를 임명하셨다. 우리는 함께 하는 집단적인 삶을 통해 예수 그리스도께서 우리의 구주시며 온 세상의 주시라는 진리의 메시지에 맞추어 삶으로써 '복음에 순종한다.'

세발의자와 가짜들

세발의자의 다리는 모두 다 중요하다. 각 다리는 다른 두 다리와 연관되기 때문이다. 복음 '이야기'는 복음 '선포'의 특성을 이해하기 위해 꼭 필요한 성경 기사를 제공한다. 복음 '선포'는 복음 '공동체'를 탄생시키고, 이 공동체의 삶은 변화를 일으키는 예수 그리스도의 진리에 초점을 맞춘다. 대체로 신약성경 기자들은 십자가에 못 박혔다가 다시 살아나신 예수님에 대해 선포할 때 '복음'이라는 말을 사용한다. 그러나 자세히 읽어보면, 그들은 그 선포에 의미를 부여하는 배경 이야기나 그 선포를 통해 탄생하는 공동체를 결코 그 선포와 분리시키지 않는다.

따라서 복음은 세발의자와 같다. 세 다리 중 하나를 잘라보라. 그러면 의자 전체가 넘어지고 만다.

오늘날의 교회에서 일그러진 가짜 복음은 어떤 면에서 성경적인 복음과 비슷하지만, 성경에서 말하는 복음 요소들 가운데 중요한 부분들을 결여하고 있다. 각각의 가짜 복음은 마치 흰개미 떼와 같아서, 세발의자의 한쪽 다리를 먹어치움으로써 전체 의자를 넘어지게 만든다.

다음 장들에서 우리는 복음 이야기, 복음 선포, 복음 공동체라고 하는 세발의자를 좀더 상세히 살펴볼 것이다. 또한 성경 내용에 미흡한 여섯 가지 일그러진 복음들을 분석할 것이다.

일그러진 복음들은 저마다 세발의자의 한 다리에만 초점을 맞춘다. 예를 들어, 치유 복음과 심판 없는 복음은 타락의 특성을 재규정하거나 최종적인 회복에 수반되는 심판을 거부함으로써 복음 이야기를 변경시킨다. 도덕주의 복음과 정적주의 복음은 그리스도의 사역에 관한 복음 선포를 선한 조언이나 개인적인 경험에 관한 사적인 메시지로 바꾼다. 그리고 행동주의 복음과 무교회 복음은 십자가 이외의 다른 어떤 것으로 연합을 도모하거나 아예 교회의 중요성을 무시한다. 이들 일그러진 가짜 복음은 겉모양은 달라 보이지만 항상 동일한 결과를 낳는다. 이들은 우리의 사역을 힘 있게 하기보다는 무기력하게 한다.

마음을 열고 이 책을 읽어보기 바란다. 당신의 마음속에 기어들어 영광스러운 기독교 메시지로부터 이탈하도록 유도하는 가짜 복음을 찾아내라. 성경적인 복음의 진미를 함께 맛보자! 그리고 어떠한 대체 복음도 받아들이지 않기로 결심하자!

 ㅣ 이 장과 관련된 성경 말씀 ㅣ

참된 복음과 가짜 복음을 구별하는 최선의 방법은 성경의 렌즈를 통해 보는 것이다. '이 장과 관련된 성경 말씀'은 성경의 경고와 격려와 가르침을 살펴볼 시간을 갖게 할 것이다. 복음의 본질과 결과에 관한 진리를 몇 가지 소개하면 다음과 같다.

교회 내 가짜 복음의 위험

갈라디아서 1:6-10; 요한복음 4:1-6; 요한계시록 2:12-17

복음의 능력에 대한 확신

사도행전 16:11-15; 로마서 1:16, 17; 고린도전서 1:18-2:5; 골로새서 1:3-14

복음에 대한 명확한 이해

이사야 52:7; 마가복음 1:14, 15; 사도행전 2:22-36, 3:12-21, 10:34-43, 13:23-39; 로마서 1:1-4; 고린도전서 15:1-6; 디모데후서 2:8

복음에 의해 탄생한 공동체

에베소서 1:15-23, 2:11-22; 고린도전서 12:12-31; 골로새서 3:1-17

Counterfeit
Gospels

PART

1

이야기

복음 이야기 | 치유 복음 | 심판 없는 복음

도대체 우리는 어떤 종류의 이야기에 빠져든 거지?
_『반지의 제왕』

CHAPTER
1
복음 이야기

진리

'유명한 소설에 당신의 이름을 넣어 준다면, 얼마를 지불하겠는가?' 몇 년 전 이베이(eBay)에서 매우 특이한 모금행사를 주최했던 한 비영리 단체(the First Amendment Project)가 제시했던 질문이다. 이 인터넷 경매는 스티븐 킹의 다음 번 소설에 최고 입찰자의 이름을 넣어주겠다고 제안했다. 총 76명이 입찰에 응했고, 최종 낙찰자는 25,100달러를 지불하고 자신의 이름을 문학 작품에 올리게 되었다. 아이러니컬하게도 킹의 소설에서 그의 이름을 딴 등장인물은 살해될 것이었다. 다른 작가들도 그 모금행사를 돕기로 했다. 존 그리샴도 그 중 하나였다. 그는 최고(12,100달러) 낙찰자의 이름을 자신의 책에 올리기로 약속했다.[1]

놀랍게도 사람들은 유명한 이야기에 자신의 이름을 실으려 거금을 들

---

1) Ben Patterson, *God's Prayer Book: The Power and Pleasure of Praying the Psalms* (Grand Rapids: SaltRiver, 2008), 193.

인다. 그것은 우리 마음속 깊은 곳에 자리잡은 갈망을 보여준다. 우리 자신의 이야기보다 더 크고 나은 이야기 속의 등장인물이 되기를 바라는 갈망이다.

다른 사람의 말을 알아듣기 시작할 때부터 우리는 이야기에 매료된다. 아이들은 잠자리에서 동화를 듣고 싶어한다. 같은 이야기를 수십 번 반복해 들어도 여전히 좋아한다. 십대들은 최신의 스토리를 경험하려고 영화관에 몰려든다. 성인들도 책을 들고 소파에 웅크리고 앉아 이야기 세계에 빠져든다. 그 책은 유명한 사람의 전기, 허구적인 드라마, 낭만적인 이야기, 또는 역사물일 수 있다. 유치원 때부터 우리는 이야기에 매달린다. 인간 영혼의 깊은 곳에서 이야기와 그것에 담긴 진실을 갈망한다.

그러나 이야기는 단지 오락이나 여흥만을 위한 것이 아니다. 우리는 이야기를 위해 살 뿐만 아니라 또한 그것에 의해 살아간다. 우리 세세에 관한 이야기를 어떻게 이해하는가가 우리 삶의 방식에 영향을 미친다.

성경은 다양한 유형의 문학을 담은 총서叢書다. 전체적으로 볼 때, 성경은 장엄한 내러티브를 제시한다. 모든 사람이 참여하도록 초청하는 위대한 이야기이다. 하나님은 성경 말씀을 통해 당신의 자녀들에게 그 이야기를 들려주신다. 편안한 잠에 빠져들게 하는 잠자리의 이야기가 아니라, 아침에 우리를 깨워 존재 이유를 설명해주는 진지한 이야기이다. 하나님의 이야기는 우리가 누구인지, 세상이 어떻게 잘못되었는지, 망가진 피조 세계를 구속하고 회복하기 위해 하나님이 무슨 일을 하셨는지, 그리고 제공된 구원을 받아들이는 하나님의 사람들을 위해 마련된 미래가 어떤 것인지를 알려준다.

우리의 존재를 규정하는 근본적인 물음들에 대한 답은 성경 내러티브

속에서 발견된다. 우리가 성경 이야기에 의해 살아가려면, 그 이야기와 그 속에 담긴 좋은 소식을 올바로 이해하는 것이 중요하다.

복음 논쟁

'복음'에 관한 정의를 내 블로그에 올리면서, 나는 '복음이란 무엇인가?'라는 질문을 사람들이 다양하게 이해함을 보아왔다.

어떤 이들은 이 질문을 듣고서 복음을 불신자에게 어떻게 전할지에 대해 생각한다. 그들은 대개 거룩하고 의로운 재판관이신 하나님에 관해 설명하기 시작한다. 그런 후에 하나님을 떠난 인간의 절망적인 곤경에 대해, 그분의 진노를 받아 마땅한 우리의 죄성에 대해 말한다. 이어서 복음이란 그리스도께서 순종의 삶을 살다가 우리를 대신하여 죽으신 것이라고 설명한다.

어떤 이들은 '복음이란 무엇인가?'라는 물음을 듣고서 매우 구체적으로 예수님의 선포에 대해 생각한다. 그들은 예수님의 삶과 죽으심과 부활에 초점을 맞춘다. 이 두 번째 그룹에 의하면, 복음은 예수께서 누구시며 그가 하신 일이 무엇인지를 사람들에게 전하는 것이다.

또 어떤 이들은 '복음'이라는 말을 들으면 기독교에 관한 좋은 소식 전체를 생각한다. 그것은 타락한 세상을 구속하기 위해 하나님이 그리스도 안에서 어떻게 행하셨는지에 관한 내용이다. 그들은 성경 이야기 전체와 저주를 없애고 만물을 새롭게 하신 예수님의 사역에 초점을 맞춘다.

이 그룹들의 입장 간에는 중복되는 내용이 많지만, 이들이 종종 피력하는 견해 차이는 복음에 대한 정의를 혼란스럽게 한다.

이야기를 중시하는 사람들은, "만일 예수님의 선포에 초점을 맞춘다면, 우리에게 복음이 필요한 이유를 배제하게 된다."고 말한다.

선포를 중시하는 사람들은, "복음에 너무 많은 것을 덧붙이면 우리의 죄나 회개의 필요성에 관한 진리가 혼란스러워지므로, 오직 예수 그리스도에 관한 복음 그 자체에 초점을 맞추어야 한다."고 말한다.

새 창조에 초점을 맞추는 사람들은, "개인적인 구원에만 초점을 맞추면 하나님의 사역의 우주적인 범위를 간과하게 된다."고 말한다.

각각의 그룹이 서로 설득하려 하기 때문에 이 논쟁은 실망스러울 수도 있다. 그러나 이 논의들은 나를 고무시킨다. 그리스도인들은 신앙의 핵심 메시지를 명확하게 알기 원한다. 그 메시지를 올바로 파악하려는 것이 이런 논의의 동기이다.

복음의 핵심

복음에 대한 정의와 그것을 둘러싼 논쟁을 읽으며, 나는 '복음'에 대한 다양한 접근이 대립되기보다는 서로를 보완해줌을 확신하게 되었다. 물론 복음은 오직 하나이다. 우리를 구원하기 위해 예수님의 삶과 죽음과 부활을 통해 하나님이 행하신 일에 관한 선포가 복음의 핵심이다. 예수님의 선포가 바로 복음이다.

그러나 예수께 집중된 이 메시지는 배경(context)을 필요로 한다. 복음 선포를 이해하려면 그것과 관련된 이야기를 파악할 필요가 있다고 하는 이야기 중시자들의 주장은 옳다. 새 창조에 초점을 맞추는 자들의 주장처럼, 우리의 개인적인 구원은 만물을 새롭게 하시는 하나님의 영광에 관한 보다 큰 그림 속에 포함되어 있다. 이런 논의는 머리말에서 설명했던 복음의 삼중적 의미를 되돌아보게 한다.

복음은 세발의자이다. 첫 창조부터 새 창조에 이르는, 그리고 만유의 주이신 하나님의 위엄을 보여주는 '이야기'가 있다. 예수 그리스도에 관한 '선포'가 있다. 그분의 순종의 삶, 죄인들을 위한 대속의 죽으심, 온 세상의 왕으로서의 부활과 승귀에 관한 선포다. 우리는 이 선포의 의미를 이야기 속에서 찾는다. 또한 이 선포는 회개와 믿음이라는 반응을 유발하며 이 반응이 복음 '공동체'인 교회를 탄생시킨다. 교회는 이 땅에서 천상을 미리 맛보게 하는 거룩한 삶을 통해 복음 선포를 구체적으로 드러낸다.

앞으로 간단히 살펴보겠지만, 가짜 복음들은 세발의자의 한쪽 다리를 망가뜨려서 결국 의자를 쓰러뜨린다. 따라서 복음의 이 세 가지 측면에 대해 명확히 파악하는 것이 중요하다.

이야기로서의 복음에 대한 성경의 암시들

성경에서 복음을 가장 명쾌하게 정의한 내용 중 하나는 고린도전서 15:1-4이다. 바울은 이렇게 말한다.

> 형제들아 내가 너희에게 전한 복음을 너희에게 알게 하노니 이는 너희가 받은 것이요 또 그 가운데 선 것이라 너희가 만일 내가 전한 그 말을 굳게 지키고 헛되이 믿지 아니하였으면 그로 말미암아 구원

을 받으리라 내가 받은 것을 먼저 너희에게 전하였노니 이는 성경대로 그리스도께서 우리 죄를 위하여 죽으시고 장사 지낸 바 되셨다가 성경대로 사흘 만에 다시 살아나사.

외견상으로, 바울은 선포라는 측면에서 복음을 말한 것 같다. 예수 그리스도께서 우리 죄 때문에 죽고 장사되셨다가 죽은 자 가운데서 다시 살아나셨다는 것이다. '복음 선포' 그룹이 비장의 무기를 찾고 있다면, 이 구절을 그들의 무기 목록에 덧보탤 것이다.

그러나 좀더 면밀히 살펴보면, 다른 내용도 포함되어 있다. 바울은 '성경대로'라는 표현을 반복한다. 그리스도의 죽음과 부활에 관한 선포를 구약성경에 수록된 약속들과 연결시킨다. 그 선포는 이야기와 분리된 것이 아니다. 오히려 그 선포의 의미와 성취는 성경의 이야기 속에서 발견된다.

신약성경 기자 중 바울만이 이렇게 생각하는 것이 아니다. 사복음서 모두 구약의 진리를 요약함으로써 시작한다.

마태복음은 독자의 눈을 침침하게 할 정도로 긴 족보로 시작한다. 족보의 핵심을 잘 이해하지 못하는 현대의 독자들처럼 마태도 그랬던 것이 아니다. 마태복음에 실린 예수님의 선조 계보는 예수님을 다윗, 아브라함과 연결시킨다. 핵심은 무엇일까? 예수님은 갑자기 불쑥 나타나신 분이 아니다. 그는 신실한 이스라엘인이며 다윗의 계보에서 나기로 약속된 왕이셨다.

마가복음은 가장 짧은 복음서이다. 예수님의 탄생 이야기를 생략한다. 구유에 누이신 장면도 없다. 목자들에게 들려준 천사들의 합창도 없다.

동방박사를 인도했던 별도 언급하지 않는다. 그럼에도 불구하고, 마가복음의 기초는 구약성경 위에 놓여 있다. 마가는 이사야의 예언을 인용함으로써 시작한다. '기록된 것과 같이'는 '성경대로'를 마가식으로 표현한 것이다. 마태와 마찬가지로 마가도 우리가 예수님을 제대로 이해하려면 배경 이야기를 파악할 필요가 있음을 암시한다.

성실한 역사가인 누가는 세례 요한의 출생을 자세히 소개함으로써 자신의 복음서를 시작한다. 또한 예술가로서 그는 구약의 배경 이야기를 보다 창의적으로(노래로) 제시한다. 임신 중인 마리아가 역시 임신 중이었던 엘리사벳을 방문했을 때, 그녀의 입에서 찬양이 터져 나왔다.

그 노래는 1세기 유대인들의 메시아 대망이라는 맥락에서 이해될 수 있다. 하나님이 "그 종 이스라엘을 도우사 긍휼히 여기시고 기억하시되 우리 조상에게 말씀하신 것과 같이 아브라함과 그 자손에게 영원히 하시리로다"(눅 1:54, 55). 사가랴의 예언에서도 다윗과 아브라함이 언급된다. 따라서 누가도 예수님의 탄생이 이미 진행 중인 이야기의 연속임을 암시한다.

요한은 어떠한가? 요한복음의 서두는 창세기 1장의 창조 기사와 연관된다. "태초에 말씀이 계시니라." 또한 요한은 유대 역사를 상기시키기도 한다. "율법은 모세로 말미암아 주어진 것이요 은혜와 진리는 예수 그리스도로 말미암아 온 것이라"(요 1:17).

성경에서 발견되는 이러한 암시들에 주의를 기울일 필요가 있다. 사도 바울과 복음서 기자들은 (각기 자신의 방식으로) 예수님을 설명하기 위해 구약성경을 언급한다. 복음 선포는 강력하며 신앙의 핵심이지만, 제대로 이해되려면 복음 이야기가 필요하다.

배경 이야기 알기

톨킨의 3부작 『반지의 제왕』의 마지막 편인 '왕의 귀환'을 보려고 영화관에 앉아 있다고 생각해보라. 그 영화는 샘과 프로도가 모르도르에게 접근하는 장면으로 시작한다. 강렬한 음향효과와 음악을 들으면서, 당신은 그 장면이 이야기의 핵심에 해당할 거라고 짐작한다. 하지만 그 이전에 어떤 일이 일어났는지를 알지 못하면, 혹은 샤이어, 반지, 호빗족의 중요성 등을 이해하지 못하면, 그 장면이 왜 그토록 중요한지 또는 중간계의 장래가 왜 프로도의 행동에 달려 있는지를 알기 힘들 것이다.

TV 드라마의 경우도 마찬가지다. 전편의 핵심 장면을 간략하게 보여주고서 시작하는 드라마들이 많다. 해설자는 '전편에는……'이라는 말로 시작한다. 플래시백을 통해 지난 이야기의 중요한 순간들을 상기시킴으로써 이제 진행될 내용을 더 잘 이해하도록 돕는다. 이야기를 시청할 때에는 이처럼 앞의 내용을 알 필요가 있다.

예수님에 관한 이야기는 무려 2,000년 전의 일이다. 우리는 복음서를 이해하기 위해 읽으면서 기록 당시와는 매우 다른 세계인 현대에 그 내용을 적용하려 한다. 이 일을 효과적으로 하려면 복음서를 역사의 기반 위에 두어야 한다. 예수님에 관한 선포가 작성된 역사적 상황을 분명하게 이해하지 않으면, 그분 메시지의 강조점을 곡해하기 마련이다. 몇몇 신학적인 진리들을 개별적으로 모을 수는 있겠지만 메시지의 핵심을 놓치기 쉽다.

하나님과 인류에 관한 포괄적인 이야기가 성경에 기록되어 있다. 시, 격언, 기사, 또는 노래와 같은 다양한 장르가 결합하여 역사를 제시한다.

그것은 영원토록 영광을 받기에 합당하신 창조주의 자애로우신 섭리를 통해 제공되는 이야기이다.

복음을 이해하려면 이야기가 필요하다. 복음 선포가 영예롭고 진실하지만, 배경 이야기가 없다면 그것은 곡해될 수 있다. 이야기를 제대로 파악하는 것이 중요하다. 그렇게 하지 않으면, 우리는 줄거리의 핵심을 놓치고 위조품에 현혹될 것이다.

복음 이야기란 무엇인가

복음 이야기는 네 가지 핵심 내용으로 이루어져 있다. 이 네 측면은 몇몇 과제들을 동시적으로 풀어나간다.

첫째, 이들은 다음과 같은 핵심 물음에 답한다. '우리는 어디서 왔는가? 무엇이 잘못되었는가? 해결책은 무엇인가? 우리의 미래는 어떠한가?'

둘째, 이 주제들 각각은 하나님의 성품에 대해 알려준다. 하나님은 그가 하시는 말씀과 각 장면에서 취하시는 행동을 통해 자신을 계시하신다.

셋째, 이 내용들은 우리가 명제적 형식으로 표현할 수 있는 신학적 진리들을 밝혀준다. 복음 이야기는 성경신학과 조직신학을 결합시키며, 명제적 진리들이 거대한 내러티브 안에 있게 한다. 성경을 통해 이야기가 전개되는 것을 보면서 하나님과 우리 자신에 대해 배우게 된다. 그러므로 복음 이야기의 핵심 내용을 간략히 살펴보기로 하자.

1. 창조

성경은 전능하신 하나님의 말씀에 따라 무로부터 우주가 만들어지는 장면으로 시작된다. 하나님이 말씀하시자 빛이 어둠을 뚫고 들어온다. 그는 하늘을 바다 위에 펴신다. 육지를 바다로부터 분리하시고 산과 계곡, 언덕과 초원을 조성하신다. 지면에서 식물과 관목들, 단단한 참나무와 가지가 늘어진 버드나무, 해바라기와 장미가 나온다.

화려한 색상을 화폭에 담는 화가처럼, 하나님은 행성과 별들을 만들어 광대한 우주 속에서 돌게 하신다. 울새와 참새, 독수리와 갈매기, 홍관조와 왜가리들로 창공을 채우신다. 바다는 황어, 메기, 돌고래, 고래, 바닷가재, 게들로 가득하다. 땅에는 토끼와 말, 개미와 코끼리, 강아지와 사자들이 돌아다닌다. 자신의 작품을 만족해하는 화가처럼, 하나님은 자신이 지은 아름다운 세상을 거듭 바라보며 "좋구나!" 하고 즐겁게 외치신다.

그 다음에 하나님은 우리를 만드셨다. 첫 사람인 아담과 이브는 서로 그리고 하나님과 완벽한 조화를 이루며 살았다. 하나님의 영광스러운 창조의 절정으로서, 창조주의 형상을 반영했다.

이 세상을 지혜롭게 다스리는 임무가 우리에게 주어졌다. 왕의 영광을 위한 청지기 임무였다(창 1:28). 우리는 그분의 위엄을 반영하며 그분의 선하신 통치의 산 증인이어야 했다. 창세기 1, 2장을 요약하는 히브리어 단어는 '샬롬'이다. 평화라는 뜻이다. 땅에는 하나님의 샬롬이 가득했다. 모든 것이 하나님의 의도대로 움직이는 평화였다.

세상은 사람을 위해 만들어졌다. 이 세상에서 우리는 하나님과 사람들을 사랑하고 그분을 섬기며 영원토록 즐겁게 살아갈 수 있었다. 은하와 행성들을 돌아보시면서, 땅을 가득 채운 각종 피조물과 시공간을 살피시면서, 하나님은 당신의 형상을 지닌 우리에게 애정을 보이셨다. 우리는 그분의 사랑을 영원히 누리도록 지음받았다.

우리에게 주어진 세상은 이러했기 때문에 성경의 첫 페이지들은 깊은 감명을 준다. 『영광의 무게』에서 C. S. 루이스는 이렇게 썼다.

> 사람이 배고픔을 느낀다고 해서 음식을 보장받는 것은 아니다. 그는 대서양에 떠 있는 뗏목에서 굶어죽을 수도 있다. 하지만 사람의 배고픔은 그가 음식을 먹을 수 있고 음식이 있는 곳에 거주할 수 있는 존재임을 입증해준다. 마찬가지로, 비록 낙원을 바라는 마음 자체가 그것을 누리도록 보장해주진 않지만, 그 바람은 낙원이 존재하며 또한 그것을 누리는 이들도 있을 것임을 분명히 보여준다.[2]

세상이 잘못되었다고 마음속 깊이 느껴지는 것은 원래 우리가 올바른 세상을 위해 지음받았음을 암시한다. 에덴을 향한 우리의 갈망은, 처음에 하나님이 당신의 눈에 흡족한 세상을 만드셨다고 하는 복음 이야기를 통해 설명된다.

창조 이야기는 하나님에 관해 무엇을 알려주는가?

- 그는 강력한 권능을 지니신 분이다.
- 그는 초월적이시다. 창조에 직접 관여하셨으나 그 창조물의 일부는 아니시다.
- 그는 스타워즈 제작자들이 상상했던 비인격적인 힘이 아니라, 자신의 피조물을 기뻐하는 인격적인 존재이시다.

---

[2] C. S. Lewis, *The Weight of Glory* (New York: HarperOne, 1980), 32, 33.

- 그는 거룩하시다. 우리와는 다르다. 오직 그분만이 하나님이시다.

아담과 이브에게 지시하신 하나님의 말씀에서, 우리는 그분의 은혜로운 통치에 순종함으로써 그분께 영광 돌려야 함을 알 수 있다. 하나님은 창조하고, 임무를 부여하며, 특정 행동을 금하는 권세를 지니고 계신다. 그러나 이 왕적 권위는 전제적이거나 폭압적이지 않다. 그의 권세는 그의 사랑과 영원히 결합되어 있으며, 당신이 친히 창조하여 인간에게 맡기신 귀한 세상을 향한 아버지의 사랑을 나타낸다.

2. 타락

부모에게서 떨어진 주인공을 다룬 어린이 영화가 얼마나 많은지 아는가? '피블의 모험'(An American Tail)은 피블이라는 생쥐 이야기다. 호기심 많은 피블이 이민자로 가득한 배의 출입금지 구역으로 들어간다. 무서운 폭풍 속에서 바다로 떠밀려가 아빠 쥐를 다시 만나기까지 온갖 고생을 겪는다. 마침내 피블이 아빠 쥐를 만나는 장면을 생각하면, 나는 지금도 눈시울이 젖는다.

'니모를 찾아서'(Finding Nemo)는 아빠 말을 거역하다가 어부에게 잡히고, 결국 어느 치과의 수족관에 갇히는 어린 물고기 이야기다. 니모의 아빠 말린은 아들을 찾기 위해 상어와 해파리의 위험을 무릅쓰고 바다를 건넌다.

'애니'(Annie)는 부모를 그리워하는 고아 소녀 이야기다. '나홀로 집에'(Home Alone)는 가족이 없어지기를 바라는(하지만 결국 그 소원을 후회하게 되는) 한 소년에 관한 이야기다.

헤어짐과 재결합, 추방과 귀환에 관한 이야기들은 우리의 심금을 울린다. 이유가 무엇일까? 그 이야기들이 평화로 가득했던 세상을 황량한 추방지로 전락시킨 타락 이야기를 이모저모로 반영하기 때문이다.

무슨 일이 있었는가? 아담과 이브는 하나님의 통치를 거부했다. 우리는 그들의 반역적 선택을 '타락'이라 부른다. 그들이 온 인류를 대표했으므로 그들의 행위는 우리에게도 영향을 미친다. 우리는 태어날 때부터 반역적인 본성을 지닌 '타락한' 존재이다. '타락'은 그 사건을 묘사하기에 적절한 말이다. 그것은 우리가 무엇인가로부터, 아니 보다 정확히 말하자면 누군가로부터 떨어졌음을 암시하기 때문이다. 우리는 하나님의 영광에서 멀어졌다.

원래의 아름다웠던 흔적이 비록 세상에 남아 있긴 하지만, 죄의 추한 결과로 인해 한때 완벽했던 세상이 크게 손상되었다. 마치 깨진 거울처럼, 우리는 더 이상 하나님의 영광을 반영하지 않는다. 고통과 시련이 우리 삶의 일부이다. 죽음이 세상에 들어왔고, 잃어버린 에덴의 메아리는 우리 모두의 귓전을 울리고 있다.

'죄'라는 단어는 현대의 어휘 목록에서 사라지고 있다. 때로는 그리스도인마저 이 단어의 의미를 흐릿하게 한다. 에덴동산에서 일어났던 일과 현재 매일같이 자신의 방식을 선택하는 과정에서 일어나는 일을 대수롭지 않게 여긴다. 죄를 '단지 실수하는 것' 정도로 여기기도 한다. 우리 자신이 죄악의 희생물이 될 때도 있다. 그러나 죄는 이런 것들보다 훨씬 더 심각하다.

그 크신 사랑과 선하심을 베푸셨던 창세기 1–2장의 하나님을 기억하라. 우리의 주인 되시고, 우리를 사랑하며, 당신의 피조물을 소중히 여기는 자애로운 아버지시다. 우리를 보살피시며, 당신 안에서 기쁨을 찾는 우리의 모습을 기뻐하는 아버지시다. 그러나 우리는 반항하며 우리 자신의 길을 택했다. 그분의 율법을 범했다. 우리가 저지르는 모든 죄는 하나님의 아름다운 그림에 낙서질을 하는 것과 같다.

죄는 인격적이다. 우리는 자신의 주권을 하나님의 주권 위에 둠으로써 우주적 반역을 꾀한다. 모든 가치의 원천이신 분을 배제한 채 다른 데서 가치를 추구한다. 우리 마음은 우상 제조 공장이다. 우리를 지으신 분이 아닌 다른 그 무엇을 숭배하려 한다.

착각하지 말라. 죄는 추하다. 우리의 죄가 얼마나 추한지 파악하기 전까지는 복음 이야기를 결코 온전히 이해하지 못한다.

죄의 결과는 매우 파괴적이다. 무엇보다도, 우리는 하나님 앞에서 죄책감을 느끼고 그로부터 밀어졌다. 아담과 이브가 에덴동산에서 가졌던 하나님과의 완벽한 친교가 깨졌다. 하나님과 원수가 되었다. 우리의 태도와 행위들이 그분을 대적한다. 이 반역은 육체적, 영적 죽음을 가져온다.

> 타락 후, 세상에는 평화가 깨졌다. …
> 자연재해가 땅을 휩쓴다.
> 민족이 서로를 대적한다.
> 죽음이 사랑하는 자를 앗아간다.

하나님과의 깨진 관계는 사회의 모든 영역에 영향을 미친다. 우리는 서로 다툰다. 인정받으려고 싸운다. 하나님을 밀쳐내는 우리의 교만은 다른 사람과 거리를 두는 교만과 같은 것이다. 우리는 의심하고 화를 내며, 악감정을 갖고 시기하며, 속고 속인다.

우리는 수치와 죄책감에 사로잡힌다. 하나님의 형상을 반영할 수 없어 수치를 느끼며, 창조주를 반역하고 대적함으로 죄책감에 사로잡힌다.

우리 죄의 사악함이 그분의 격렬한 진노를 유발한다. 역설적이게도, 우리 속에 내재된 정의감은 하나님의 진노를, 이 죄에 대한 징벌을 바란다. 하지만 하나님의 공의가 실행되려면 우리도 심판당해야 함을 우리는 종종 망각한다. 우리 모두는 죄를 범했다.

창조 때에, 땅에는 평화가 가득했다. 타락 후에, 그 평화가 깨졌다. 사람으로 하여금 세상을 올바로 다스리게 하려 하셨던 하나님의 의도는 보류되었다. 이제 노동이 고되고 출산이 힘들어졌다. 자연재해가 땅을 휩쓴다. 민족이 서로를 대적한다. 죽음이 사랑하는 자를 앗아간다. 그 가차 없는 저주가 우리 자신에게도 다가옴을 느낀다. 다른 모든 피조물마저 우리 죄의 무게에 눌려 신음한다.

타락 기사는 하나님이 죄를 심각하게 다루심을 보여준다. 그가 죄를 미워하시는 것은 우리와 모든 피조물에 해를 끼치기 때문이다. 또한 하나님을 대적하며 그분의 영광을 거부하게 하기 때문이다. 하나님은 당신의 이름의 영광을 지키려 하신다. 그 이름이 영광받을 때 당신의 자녀도 온전한 기쁨을 찾을 수 있기 때문이다.

3. 구속

감사하게도, 자애로운 창조주께서는 우리의 죄에 대해서는 진노하지만 죄로 말미암은 고통을 선으로 바꿔 궁극적으로 당신의 영광을 드러내기로 결심하신다. 따라서 복음 이야기의 다음 주제는 타락한 죄인을 구원하고 세상을 구속하는 마스터플랜에 관한 것이다. 그는 우리의 죄로 인해 망가진 모든 것을 회복시키실 것이다.

복음을 이야기하는 사람은 에덴동산에서 예수님의 십자가 죽음으로 곧바로 말머리를 돌리는 경우가 많다. 하지만 구속 이야기는 신약성경에서 시작되지 않는다. 하나님은 아담과 이브를 에덴에서 쫓아내신 직후에 구원 계획을 계시하신다. 이브의 후손 중 하나가 그들 부부의 잘못을 바로잡을 것을 약속하신다.

하나님의 계획은 창세기 12장에서 분명히 드러난다. 하나님은 족장 아브라함을 택하여 큰 민족의 시조로 삼으신다. 아브라함의 가계를(특히, 아브라함의 한 후손을) 통해 세계 만민을 축복할 것을 약속하신다. 아브라함 부부가 아기를 가질 수 없을 정도로 늙었지만, 그들은 기능을 상실한 태에서 하나님이 생명이 나게 하실 줄로 믿는다. 이 같은 부활 신앙은 하나님 백성의 핵심적인 믿음이다.

구약성경의 나머지 부분은 하나님의 선민 이스라엘에 관한 이야기다. 하나님이 그들을 위해 개입하시고, 그들을 종살이에서 구해내어 약속의 땅으로 이끄신다. 그들의 삶을 다스리며 거룩하신 하나님의 성품을 계시하는 율법을 주신다.

불필요한 듯 보이는 구약성경의 모든 세부 내용이 성경의 줄거리를 구성하는 역할을 한다. 성전 예배, 제사장 직무, 희생제사 제도, 하나님이 당신의 백성과 맺으신 언약을 통해, 우리는 그분이 계획하시는 구원에 대해 배운다.

그러나 이 타락한 세상을 위해 하나님의 백성으로 부름받은 이스라엘은 구속 계획을 제대로 실행하지 못한다. 그들 역시 문제의 일부이다. 율법은 언약 백성의 유익을 위해 주어졌으나 인간의 죄성과 모든 사람에게 하나님의 의가 필요함을 드러낼 뿐이다. 희생제사는 결코 인간의 죄값을 지불하지 못한다. 세상 죄를 제거하러 오실 온전한 어린 양을 예표

할 뿐이다. 언약 백성을 지혜롭게 다스리도록 지명받은 유다와 이스라엘 왕들은 장차 온전한 순종으로 만민에게 축복을 가져다주실 왕과는 너무나 거리가 먼 모습이다.

이스라엘 역사에서, 우리는 축복, 반역, 추방, 귀환으로 이어지는 패턴을 본다―하나님이 축복하신다. 이스라엘 백성이 반역한다. 그들이 포로로 잡혀간다. 하나님이 그들을 다시 데려오신다.

구약성경의 끝부분에서 이스라엘은 거의 파괴되고, 신실한 남은 자는 포로로 잡혀간다. 하나님의 백성이 서서히 약속의 땅으로 돌아오는 때에도, 그들은 여전히 이방 세력의 지배하에 있다. 그들은 하나님의 개입을, 세상 회복에 관한 그분의 오랜 약속이 실현되기를 갈망한다.

구약성경은 결말을 맺지 못한 이야기다. 그 마지막 페이지는 온 땅에 흩어져 구속을 기다리며 하나님의 구원 사역을 소망하는 언약 백성을 보여준다. 세상은 하나님의 저주 아래 여전히 신음하며 부르짖고 있다. 구속 계획이 진전되지 않는다. 신실하고 무죄한 사람이 온전한 순종을 드리며 죄에 대한 징벌을(죽음을) 당하고 또한 만물의 왕으로 높여지지 않는 한 하나님의 통치는, 그분의 나라는 처음 의도하셨던 방식으로 이뤄질 수 없다.

가장 적절한 때 가장 적절한 곳에서, 하나님이 당신의 백성에게 임하신다. 하지만 그는 약속의 땅에서 이방 세력을 몰아내고, 예루살렘에 다윗 왕좌를 재건하는 위대한 재판관으로 오시는 것이 아니다. 먼저 고난받는 종으로 오신다.

예수 그리스도 안에서, 하나님이 세상을 새롭게 하며 당신의 백성을 회복시키려고 친히 임하신다. 기 성경 이야기는 예수님의 죽으심과 부

> 하나님은 위대한 심판관이 아니라 고난받는 종으로 임하셨다.

활에서 절정에 달한다. 아버지의 뜻에 온전히 복종하되 십자가에서 죽기까지 순종함으로써, 예수님은 아담의 저주를 멸하신다. 이 메시아 왕이 인간의 죄에 대한 징벌을 떠안으신다. 그 속죄의 희생이 우리를 하나님과 화목케 하고 그분의 나라를 열며, 우리에게 하나님의 형상을 회복시켜준다. 온전한 순종의 삶, 죄인을 대신한 죽음, 새 생명의 부활을 통해, 예수님은 하나님의 구원 계획 실행을 위해 필요한 모든 것을 성취하신다.

이 복음 선포의 구체적인 내용은 2부에서 좀더 상세하게 살필 것이다. 여기서는, 우리가 이 위대한 구속 이야기에 포함되는 방법은 죄를 회개하고 예수님을 의지하는 것이라는 자각이 중요하다.

4. 회복

이 이야기는 구속에서 끝나지 않는다. 하나님은 온 세상을 새롭게 하실 것을 약속하셨고, 성경은 그 영광스러운 미래를 들여다보게 한다.

나는 어릴 적에 조부모 댁을 방문했던 즐거운 기억이 있다. 할머니는 탁월한 요리사였고, 우리는 매주 한 번씩 함께 식사하러 갔다. 조부모 댁이 가까워오면 맛있는 음식 냄새가 우리를 반겼다. 쇠고기와 옥수수 빵을 굽는 냄새였다. 그 냄새를 맡기만 해도 배에서 꼬르륵 소리가 나곤 했다. 무엇이 기다리고 있는지를 알고 있었기 때문이다.

그리스도인은 장차 이뤄질 하나님의 약속을 대망하며 현재를 살아간다. 우리는 새 창조의 향기를 맡을 수 있다. 세상의 회복은 이미 시작되었으나, 아직 온전히 실현되진 않았다. 예수님의 죽음과 부활을 통해, 천국의 삶이 이 땅에 임했다. 하나님 나라가 확장되기 시작했다.

하나님은 미래에 대한 계약금 식으로 성령을 주셨다(참조 엡 1:13, 14). 성령은 예수님을 믿는 모든 이들에게 주어질 실체에 대한 보증이다. 그 실체란 의로 가득한 새 하늘과 새 땅이다(벧후 3:13).

더 이상 질병이나 고통이 없고, 슬픔이나 시련도 없고, 감춰진 눈물이나 답변되지 않은 물음이 없을 날이 올 거라고 하나님은 약속하신다. 러시아의 소설가 도스토예프스키는 회복을 이렇게 묘사했다.

> 더 이상…감춰진 눈물이나 답변되지 않은 물음이 없을 날이 올 거라고 하나님은 약속하신다.

> 내게는 어린아이 같은 확신이 있다. 모든 괴로움이 치유되고, 인간의 저급하고 모순된 현실이 아련한 신기루처럼 사라질 거라는…… 그리고 궁극적으로, 영원한 조화가 이루어질 세상 끝날에, 모든 분노를 가라앉히며 인간의 모든 극악함과 모든 피 흘림을 온전히 구속해줄 고귀한 그 무엇이 계시될 거라는 확신이다. 그것은 용서를 가능하게 할 뿐만 아니라 사람에게 일어난 모든 일을 온전히 바로잡아줄 것이다.[3]

하나님은 인간의 역사 속에서 일하시면서 만물을 새롭게 하고 계신다. 사람을—교회를—불러내어 성령의 능력으로 새롭게 하시는 그분의 주도적인 사역이 이 사실을 가장 분명하게 보여준다. 교회는 죄를 회개하

---

3) Fyodor Dostoevsky, *The Brothers Karamazov* (New York: Farrar, Straus, 그리고 Giroux, 1990), 235, 236. 도스토예프스키가 무신론자인 이반의 입에서 이 말이 나오게 했다는 점에 주목해야 한다. 이반은 부활의 메시지가 아무리 근사하게 들려도 그것을 믿지 않는다.

고 예수 그리스도의 복음을 특히, 그리스도께서 우리 죄를 위해 죽었다가 다시 살아나셨음을 믿는 자들로 구성되어 있다. 십자가에 달리고 다시 사신 왕을 믿을 때, 우리는 영생, 곧 장차 올 세상에서의 삶을 얻는다.

장차 임할 나라의 시민으로서, 우리는 미래 세계의 현존재가 된다. 우리가 그 나라를 세우거나 가져오는 것이 아니라 그 나라를 신실하게 증언한다. 하나님은 십자가에서 성취하신 그리스도의 승리를 당신의 백성을 통해 계속 이루어가신다. 따라서 우리는 이 세상이 우리 주 예수 그리스도의 나라가 될 날을 간절히 기대하며 갈망한다.

만물의 회복은 두 가지 방식으로 실현될 것이다. 그리스도께서 다시 오셔서 죄와 악을 심판하며, 의와 평강의 나라가 시작되게 하실 것이다. 하나님이 이 세상에서 죄악을 영 단번에 제거하실 것이다. 우리 모두가 공의를 갈망하므로, 이 사실은 우리의 마음을 기쁨으로 뛰게 한다. 그러나 우리는 모두 죄인이므로, 이 사실이 두려움을 일으키기도 한다. 우리는 어떻게 해야 살아남을까?

하나님의 공정하고 엄한 심판을 피하는 유일한 방법은 결산일에 공의의 편에 있는 것이다. 공의의 편에 있는 유일한 방법은 우리의 형벌을 대신 당하신 예수님의 죽음을 인정하며 우리를 변호하신 그분의 부활을 받아들이는 것이다.

깊이 있는 질문에 대한 핵심 답변

네덜란드 신학자 헤르만 바빙크는 한때 복음 이야기를 이렇게 요약했다.

하나님 아버지께서 타락한 세상을 그의 아들의 죽음을 통해 당신과 화해시키시며, 성령을 통해 하나님 나라로 새로워지게 하신다.[4]

복음 이야기는 사람들이 궁금해하는 다음과 같은 철학적, 영적 물음에 답한다: 우리가 어떻게 존재하게 되었을까? 사람은 근본적으로 선한가 아니면 악한가? 이 세상에는 소망이 있을까? 사람이 죽으면 어떻게 될까? 미래에는 어떤 일이 기다리고 있을까?

그리스도를 떠나서는 이 물음에 일관성 있게 답할 수 없다. 그리스도인은 이 물음에 담대히 답해야 하며, 성령께서 불신자에게 진리를 깨우쳐주시기를 기대해야 한다.

이 복음 이야기는 우리의 존재 목적을 알려준다. 성경에서 우리는 하나님이 어떻게 악한 의도의 행동과 사건들을 이용해 선을 이루시는지를 거듭 보게 된다. 이 이야기의 중심에는 그리스도의 십자가가 있다. 가장 극악한 범죄의 현장인 십자가에서, 성자 하나님은 인간의 죄를 위해 희생제물이 되시고 만물을 회복시키셨다.

또한 복음 이야기는 우리의 개인적인 이야기와 경험에 참된 의미를 부여해준다. 삶은 제멋대로 이루어지는 무의미한 것이 아니다. 하나님은 일어나는 모든 일의 이면에 신령한 목적이 있음을 알려주신다.

우리는 각자의 개인적인 이야기 이면에 있는 의미와 목적을 찾아야 한다. 이 세상의 이야기들은 우리의 개인적인 이야기를 하나의 거대한 초월적인 이야기와 결합시켜주지 못한다. 그러나 복음 이야기는 그것을 가능케 한다. 우리는 우주의 왕이신 예수 그리스도에 관한 이야기의 일

---

4) Herman Bavinck, *Albert Wolters, Creation Regained*(Grand Rapids: Eerdmans, 2005), 11에서 인용.

부이다. 죽임당한 어린 양은 정복자 왕이시다. 그를 통해 그리고 그를 위해 이 세상이 존재한다.

역설적이게도, 우리 개인의 이야기를 우주의 중심에 둘 때, 우리는 의미와 목적을 찾으려 발버둥이친다. 반면에 그리스도께서 중심에 계시고 우리가 변방으로 밀려날 때, 우리는 비로소 참된 가치를 발견한다. 십자가에 달렸다가 다시 사신 왕께 영광을 돌리며 믿음으로 그분과 연합한다.

이 세상 역사의 마지막에, 왕께서 다시 와서 만물을 발 아래 복종시키실 때, 답변되지 않은 모든 물음이 하나님의 빛 안에서 해결될 것이다. 그가 우리와 함께 거하시며 모든 눈물을 제거해주실 것이다.

C. S. 루이스는 이 새 세상을 가리켜, "이 땅의 그 누구도 읽어본 적이 없는 위대한 이야기의— 영원히 이어지며 각 장마다 이전 장보다 더 나은 이야기의— 제1장"[5]이라고 했다.

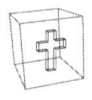 | 이 장과 관련된 성경 말씀 |

복음 이야기 맥락 속의 복음 선포
마태복음 1:1-17; 마가복음 1:1-3; 누가복음 1장; 요한복음 1:1-18:1; 고린도전서 15:1-4; 히브리서 11장
창조
창세기 1-2장; 시편 19:1-4

---

5) C. S. Lewis, *The Last Battle*(New York: Collier/Macmillan, 1977), 183, 184.

타락

창세기 3장; 로마서 1:18-32, 3:9-20

구속

창세기 12장, 17:1-10; 출애굽기 12장; 사무엘하 7장; 이사야 42:1-4, 53:4-11; 마태복음 26-28장; 마가복음 14-16장; 누가복음 22-24장; 요한복음 1:1-18, 3:1-21; 사도행전 2장; 로마서 3장; 에베소서 2:1-10

회복

사도행전 1:6-11; 로마서 8장; 에베소서 1장; 데살로니가전서 4:13-5:11; 히브리서 12:18-29; 베드로후서 3:1-13; 요한계시록 21, 22장

그리스도의 영광을 아는 것은 수단이 아니라 목적이다.

_존 파이퍼

CHAPTER
2
치유 복음

일그러진
복음

몇 해 전에, 나는 응급실에서 근무하는 의사들에 관한 TV 다큐멘터리를 보았다. 한 여자가 줄곧 기침을 해대며 들어섰다. 그녀와 얘기를 나눈 의사는 그녀가 여러 해 동안 흡연해왔음을 알았다. 그는 심한 기침을 일시적으로 완화시키는 약을 처방해주면서, 흡연을 계속하는 한 기침이 온전히 가라앉진 않을 것이라고 했다. 몇 주 후, 그녀는 다시 돌아와 더 이상 약효가 없다며 불평했다. 의사는 다시 설명했다. "저는 단지 당신의 증상에 대해 처방해드렸을 뿐입니다. 진짜 문제는 당신이 폐를 계속 손상시키고 있다는 거예요."

올바른 처방을 위해서는 올바른 진단이 매우 중요함을 의사라면 누구나 알고 있다. 증상 치료만으로는 충분치 않다. 의사는 환자가 지닌 문제의 근본 원인을 밝혀내야 한다.

분주한 응급실 담당 의사는 응급실 공간을 확보하고 환자의 고통을 널

어주기 위해 약 처방을 빨리 해줘야 한다는 압박감을 느낀다.

분주한 목사와 교사들도 비슷한 압박감을 느낄 수 있다. 그들이 전하는 복음은 일시적으로 고통스런 증상을 완화시키지만 근본 원인에 대한 처방을 제시하지는 못한다. 원인을 살피지 않고 증상만 치료하는 의사는 진료 태만이라는 비난을 받는다.

그러나 증상만을 치료하고 사람들을 일시적으로 기분 좋게 만드는 메시지를 전하는 목사는 찬사를 듣고 다른 사람의 귀감으로 칭송된다.

치유 복음

이 첫 번째 일그러진 복음은 1장에서 살펴보았던 복음 이야기를 왜곡한다. 복음 이야기의 핵심 주제들을 기억하는가? 창조, 타락, 구속, 회복이 그 주제들이다. 그런데 이 일그러진 복음은 '타락'에 초점을 맞춘다. 타락에 대한 성경적 관점이 변경되면 구속에 대한 이해도 바뀌게 된다.

이 일그러진 복음을 '치유 복음'이라고 부르는 이유는 그것이 영적 증상들을(문제 있는 결혼생활, 근심, 분노, 중독증 등) 영적 질병과(죄와) 혼동시키기 때문이다. 진단이 피상적이므로 치료도 피상적이다.

치유 복음은 '우리의 존재 목적이 무엇인가?'라는 핵심 질문에 대한 답을 개인의 행복이라는 측면에서 제시한다. '무엇이 잘못 되었는가?'라는 질문에는 공허감이라는 측면에서 답한다. 죄는 행복을 방해하는 것으로 이해된다. 하나님은 우리 마음에 뚫린 구멍을 메워주기 원하신다. 그래서 예수님을 보내어 우리 마음을 사랑으로 채우시며 우리로 행복을 추구하도록 축복하신다. 교회는 개인적인 만족을 찾도록 돕는 곳으로 변형된다.

치유 복음의 여러 유형

우리는 복음주의자들로서 하나님 말씀을 진지하게 받아들이려 하지만, 이 일그러진 복음의 유혹으로부터 자유롭진 않다. 치유 복음이 교회에 파고드는 몇 가지 방법은 다음과 같다.

해피밀(The Happy Meal) 복음

우리 아들은 아장아장 걸을 때부터 맥도날드를 알았고 왜 그곳이 좋은지도 알았다. 운동장에도 마음이 끌렸으나 해피밀을 가장 좋아했다. 다른 어떤 패스트푸드도 치킨 너겟과 장난감에는 비할 바가 아니었다. 아이에게 장난감 선물을 약속해보라. 그러면 그 아이의 마음을 사로잡을 것이다!

해피밀의 탁월성은 장난감만이 아니라 행복도 약속한다는 점이다. 맥도날드 해피밀을 생각만 해도 아이의 얼굴이 환해진다. 부모는 단지 치킨과 감자튀김만 사는 것이 아니다. 아이들의 기분을 좋게 해줄 경험도 사고 있다.

때로 우리는 하나님을, 아이들에게 해피밀을 제공하는 로널드 맥도널드 같은 분으로 만든다. 이런 식으로 복음을 포장한다. '행복 추구'를 삶의 핵심 목표로 여기며, 다른 사람에게 잘 대해줌으로 이 목표에 다가서려 한다. 다툴 때마다 마음의 평안을 회복하기 위해 재빨리 화해한다. 마음의 평안이 삶의 목표가 됨에 따라, 하나님과 더불어 화목해야 한다는 개념은 서서히 흐릿해진다.

당신이 해피밀 복음에 빠졌는지의 여부를 어떻게 알 수 있을까? 매우 실제적인 한 가지 방법은 기도 생활을 점검하는 것이다. 당신이 하나님께 기도하는 때는 주로 언제인가? 당신의 간구 내용은 어떤 종류인가? 가장 큰 관심사는 채워지지 않은 감정적 결핍인가? 아니면 당신의 삶에서 하나님의 영광을 어떻게 반영할 것인지가 주요 관심사인가?

명백히 드러난 해피밀 우상을 비판하기는 쉽다. 그러나 종종 우리는 자신이 하나님을 자기 만족의 수단으로 삼으려 한다는 점을 깨닫지 못한다. 자신도 모르게 하나님을 행복 추구의 도구로 여긴다. 자신이 우주의 중심일 때 그 행복을 얻을 줄로 생각한다.

몇 년 전에, 『워크 투 리멤버A Walk to Remember』라는 니콜라스 스파크의 책이 영화로 만들어졌다. 이 영화는 은혜를 절실히 필요로 하는 한 남학생과 사귀게 되는 어느 그리스도인 여학생에 관한 이야기이다. 이 영화가 복음 전도자들의 관심을 끈 이유는 그 여학생이 신앙적인 삶의 모델 역할을 하는 것으로 제시되었기 때문이다.

애석하게도, 이 영화는 치유 복음의 흔적을 보여준다. 이 영화에서 그리스도인 여학생은 목사인 아버지와 불신자와의 데이트를 놓고 토론을 벌인다. 아버지가 이렇게 말한다. "넌 나의 말이나 생각에 관심을 갖지 않을지도 몰라. 하지만 하나님의 의견에는 반드시 귀를 기울여야 해." 그 여학생은 "저는 하나님이 제가 행복하길 원하신다고 생각해요."라고 대답한다.

토론이 끝났다. 그리스도인이 불신자와 데이트하는 것이 성경적으로 옳은지에 대한 논의는 "하나님은 내가 행복하길 원하신다."로 결론내려진다.

이 결론이 어떤 결정을 위한 잣대 역할을 할 때, 우리는 일그러진 복음에 빠진다. 치유 복음의 비극은 그것이 옳은 말로 그릇된 개념을 확언한다는 점이다. 하나님이 우리의 행복을 원하시는 것은 사실이다. 그러나 21세기 미국 문화에 의해 규정된 방식의 행복을 원하시는 것은 아니다. 하나님이 주시려는 기쁨은 해피밀을 넘어선 것이다.

채우기(The Fill'er Up) 복음

치유 복음의 또 다른 유형은 우리의 문제를 연료가 바닥난 자동차에 비긴다. 우리는 공허하므로 채워질 필요가 있다. 우리의 자아상은 빈약하며 자존감이 결여되었다. 우리는 쓸데없이 죄책감과 자격지심에 빠져 있다. 하나님은 우리의 내면이 건강하게 회복될 때까지 고갈된 마음을 채워주신다. 교회는 재충전을 위한 주유소와 같다.

이런 유형의 치유 복음에서, 죄란 각자의 내면적 가치와 아름다움을 의심하게 만드는 것을 말한다. 죄는 자존감 결핍이다. 그래서 다음과 같이 격려하는 것이 목사의 주요 임무다.

"당신 안에 있는 영웅을 깨워야 합니다."

"거룩하신 하나님께 다가갈 수 있을 정도로 선하지 않다고 하는, 우리 생각이 진짜 문제입니다."

"자존감을 빼앗는 모든 행동이나 생각이 죄입니다."

이 경우에는 어떤 문제가 생길까? 죄가 자존감 결여를 유발할 수 있다고 생각하는 것이 아니라, 낮은 자존감 자체를 죄로 여긴다. 죄가 죄책감과 수치를 느끼게 한다고 생각하는 것이 아니라, 그런 느낌 자체를 죄로 여긴다. 이는 증상을 원인과 혼동하는 전형적인 경우이다.

치유적인 해결책은 다음과 같이 말함으로써 성경적인 죄 개념(하나님을 대적하는 반역)을 약화시킨다. "긍정적인 면에 초점을 맞추자. 죄와 심판에 관한 메시지를 삼가자. 사람들은 이미 부정적인 마음을 갖고 있다. 왜 '죄'라는 말로 그들을 더 침울하게 하는가?"

이런 말은 매우 관대한 느낌을 준다. 하지만 그 해결책에 주목하라. '더 잘해보라. 너 자신에 대해 더 좋게 생각하라. 더 열심히 노력하라. 너는 성공할 수 있음을 믿으라.' 그 이면의 메시지는 분명하다. '하나님이 너를 채워주시지만, 바뀌는 것은 네게 달렸다!'

채우기 복음은 겉으로 보기에는 긍정적이지만, 그 현혹적인 매력 이면에는 부정적이며 냉혹한 메시지가 담겨 있다. 마치 우울증에 걸린 사람에게 "기운을 내!"라고 말하는 것처럼, 치유 복음은 죄와 죄책감에 짓눌린 사람에게 절망거리를 더 제공한다. 그것은 당뇨환자에게 설탕을 주어 병을 더 악화시키는 것과 같다.

유명한 여성 코미디언 루실 볼은 '왈가닥 루시*I Love Lucy*'의 인기가 절정에 달했던 시기에 죄책감과 불안에 사로잡혔다고 자서전에서 밝혔다. 한 친구가 그녀를 뉴욕의 한 목사에게 소개했다. 적극적 사고방식을 주장하는 목사였다. 볼은 자신의 죄책감에 대해 상담받으려고 그 목사를 찾아갔다. 굳은 마음을 부드럽게 변화시키는 용서와 죄 사함과 은혜의 메시지를 제시할 수 있는, 십자가를 소개할 절호의 기회였다. 하지만 그 목사는 그런 메시지를 전혀 언급하지 않았다. 죄책감을 느끼지 말라는 것이 그의 조언이었다. "당신의 자녀에 대해 염려하는 것이 옳은가요? 하나님께 다 맡기고 편안해지세요."[1]

이런 유형의 치유 복음은 문제를 근본적으로 잘못 진단한다. 우리의 가장 큰 문제가 죄책감을 느끼는 것이 아님을 성경은 분명히 밝힌다. 오히려 우리의 죄성을 지적한다. 우리의 자존감이 낮음을 밝히는 것이 아니라 하나님을 너무 경시한다고 지적한다. 우리의 마음은 비어 있지 않다. 근절되어야 할 온갖 종류의 죄악 된 갈망들로 이미 가득하다. 우리 마음은 채워져야 할 고갈 상태가 아니다. 대체를 요하는 기만적인 상태다.

낮은 자존감이 문제라면 그것만 치료하면 된다. 그렇다면, 이런 물음이 생긴다: 왜 굳이 예수님이 필요할까? 왜 굳이 십자가 보혈을 우리 신앙의 핵심으로 여기는가?

자신에 대해 좋게 생각하는 것이 가장 절실하다면, 하나님은 오프라 윈프리를 보내실 수도 있었다. 화목한 가정이 가장 절실하다면, 하나님은 필 박사(Dr. Phil)를 보내실 수 있었다. 그러나 하나님이 당신의 아들을 보내어 잔인한 죽음으로 인류의 죄 값을 치르게 하셨다면, 우리의 죄는 '내적 공허감' 보다 훨씬 더 흉악한 것이다.

채우기 복음은 예수님의 죽음을 이해할 수 없도록 왜곡시킨다. 그리스도의 죽음은 하나님과 그분의 자비를 부각시킨다. 그러나 채우기 복음은 그리스도의 죽음을 우리의 가치와 소중함을 높이기 위한 것으로 이해한다.

선불 판매식 복음

TV상의 선불 판매 프로는 대개 30분짜리며 소비자의 마음을 사로잡는 제품을 제시한다. 어떤 문제점을 진단한 후에, 그 문제를 해결해줄 만

---

1) Lucille Ball, *Love Lucy* (New York: Putnam Adult, 1996), 244.

한 제품을 소개한다. 그런 후에 그 제품이 지닌 추가적인 이점들도 모두 설명한다.

　십대였을 때, 나는 매일 주방 바닥을 대걸레로 닦는 일을 맡았다. 우리 집 주방의 조리대 위에는 작은 TV가 하나 있었다. 나는 청소하면서 TV를 볼 수 있었다. 어느 날, TV에서 해설식 광고가 나왔다. 판매자들이 혁신적인 대걸레를 선전하고 있었다. 수명이 오래 가고 세척하기도 쉬운 걸레라고 했다. 나는 그 제품에 매료되었다. 그날 오후에, 오래된 대걸레를 버리고 TV에서 본 것을 사달라며 엄마를 졸랐다. 그래서 곧바로 전화를 걸어 주문했다. 그러나 한두 번 그것을 사용해본 후에, 나는 그것이 다른 대걸레와 별로 다를 것이 없음을 알게 되었다. 예전 것보다 그리 나쁘지도 않았고 좋지도 않았다. TV에 나오는 것을 모두 믿어서는 안 된다는 소중한 교훈을 나는 일찍이 배웠다.

　서글프게도, 교회에서 듣는 것 역시 모두 믿을 순 없다. 때로는 교회 예배가 한 시간짜리 선불 판매 방식과 비슷하다. 그 예배 시간에, "예수께로 나아오세요. 그러면 여러분의 삶이 더 나아질 겁니다!"라는

> 치유 복음이…변화를 가져다줄 수 없는 주된 이유는, 그것이 문제의 심각성을 인식하지 않기 때문이다

말을 듣는다. 문제는 당신의 삶이 악취를 풍긴다는 것이다. 예수께서 그것을 바꾸실 수 있다는 것이 복음이다.

　물론, 예수님을 믿고 의지할 때 삶이 더 나아진다는 것은 진리의 말씀이다. 하지만 '더 나아진다.'는 것이 무엇일까? '더 나아진다.'는 말을 정확히 이해하지 못하면, 예수님을 우리 삶의 액세서리 정도로 전락시킬 수 있다. 교회의 메시지가 해설식 광고처럼 들리기 시작한다.

설령 화려한 수식어를 동원하더라도, 예수님을 우리 삶에 단지 덧붙이는 방식으로는 온전한 변화가 일어나지 않는다. 치유 복음이 약속과는 달리 변화를 가져다줄 수 없는 주된 이유는, 그것이 문제의 심각성을 인식하지 않기 때문이다.

이런 시나리오를 상상해보라. 당신은 강 근처의 집에 살고 있다. 심한 폭풍우가 닥치고, 강이 넘쳐 당신의 집과 이웃집으로 흘러든다. 여러 날 후에, 자원봉사자들이 그 지역에 도우러 온다. 당신이 재난 구호 작업에 참여해본 적이 있다면, 무슨 일을 해야 하는지 알 것이다. 집에 쌓인 진흙을 퍼내야 한다. 벽지를 천정 높이까지 모두 뜯어내야 한다(습기가 벽을 타고 올라가기 때문이다). 가구를 모조리 바꿔야 한다. 지하 공조덕트들을 내버려야 한다. 목재 바닥을 교체해야 한다. 집 안의 거의 모든 것을 교체해야 한다.

자원봉사자들이 당신에게 이렇게 말한다. "걱정 마세요! 모든 게 흉해 보이지만 우리가 도울 수 있어요. 금방 고쳐놓을게요!" 그 말을 듣고 당신은 고마워한다. 그러나 시간이 지나면서, 그들의 행동이 이상해 보인다. 그들은 집 안에서 많은 시간을 보내지 않는다. 대신에, 집과 연결된 칸막이 현관을 만들고 있다. 하루를 마감할 시점에 그들이 웃으면서 말한다. "한결 나아질 거라고 말했죠?"

집 안에서는 여전히 곰팡내가 난다. 핵심적인 문제들이 전혀 처리되지 않았다. 칸막이 현관을 세우는 것도 멋진 일이지만, 당신에게 필요한 것은 그게 아니다.

치유 복음은, 특히 선불 판매식 복음은 당신이 예수께 나아가면 삶이 너 나아질 거라고 말한다. 하지만 그 복음에서 소개하는 예수님은 썩어 곰팡내 나는 것을 뜯어내고 새로운 것으로 교체하는 건축가이기보다는 기존 건물에 뭔가를 하나 더 만들어 붙이는 자원봉사자와 같다. 치유 복음의 '좋은 소식'이란 당신이 생각하는 것만큼 나쁘진 않다는 것이다. 제시하는 해결책도 근본적이지 않다. 예수께로 나아오면 그가 무엇인가를 개선시켜 주실 것이라고 말한다.

자판기 하나님

치유 복음의 가장 극단적인 유형은 종종 '번영 복음'이라 불리는 것이다. 간단히 말해서, 순종하는 자에게 하나님이 반드시 복을 주신다고 가르친다. 하나님은 위대한 흥정인이시다. 당신이 최선을 다하면 하나님도 최선을 다하신다.

하나님은 마치 자판기와 같으시다. 당신이 자판기에 동전을 넣으면 사탕을 얻는다. 다행히도, 많은 복음주의자들이 이 가짜 복음을 제대로 간파하고 있다. 그러나 보다 교묘한 가르침이 교회에 침투한다.

십일조를 예로 들어보자. 어떤 교회는 90일 동안 십일조를 드리되 만일 그 기간 동안 하나님의 축복을 체험하지 못했다고 느끼면 돈을 돌려주겠다며 교인들에게 약속한다. 다음과 같은 십일조 헌금 이야기들이 많다. "우리가 십일조 헌금을 결심했더니 하나님이 우리에게 많은 돈을 주셨다!" 이것은 번영 복음의 보다 교묘한 유형이며, 이 또한 하나님을 자판기처럼 여기는 것이다. 십일조가 하나님의 은혜에 감격하여 즐거운 마음으로 드리는 헌금이 아니라 무엇인가를 하나님께로부터 얻기 위한 수단으로 전락한다.

마찬가지로, 우리가 하나님과 흥정하는 의미에서 단기 선교여행에 나

설 수도 있다. 우리는 산더미만한 영적 경험을 얻기 위해 며칠 동안 희생한다. 선교로부터 얻는 축복을 내가 부인하는 것은 결코 아니다(나 자신이 그런 축복을 여러 차례 맛보았다!). 하지만 우리의 선교 활동은 그리스도의 순종을 통해 이미 우리에게 주어진 위대한 구원의 상급에 감사하는 마음에서 비롯되어야 한다.

우리가 교회 활동을 할 때, 하나님이 우리의 신실한 믿음을 축복하시며 우리의 소원을 들어주실 것을 바라는 마음에서 그렇게 할 수도 있다. 그러나 우리의 봉사는 언제나 형제자매를 위한 사랑에 기초하도록 주의해야 한다. 그렇게 하지 않으면 우리에게 주고자 하시는 하나님의 큰 축복을 놓치고 만다.

어떤 유형이든, 자판기 복음의 문제는 하나님을 빚쟁이로 여긴다는 것이다. 하나님은 우리에게 아무런 빚도 없으시다. 이 복음은 하나님과의 관계를 뒤집어놓는다. 하나님을 마치 우리의 뜻대로 조종하는 꼭두각시처럼 만든다.

치유 복음의 핵심		
이야기	선포	공동체
타락은 잠재력을 발휘하지 못하는 것을 뜻한다. 죄는 주로 우리의 문제로, 충족감을 빼앗아간다.	그리스도의 죽음은 인간의 내재적 가치를 입증해 준 것이며 우리로 하여금 잠재력을 온전히 발휘할 수 있게 한다.	교회는 우리 개인의 행복 추구와 직업적 성취를 도와준다.

치유 복음이 매력적인 이유

위조품이 매력적인 이유는 무엇일까? 위조품이 사람을 속일 수 있는 유일한 방법은 진품처럼 보이는 것이다. 콧수염을 한 벤자민 프랭클린이 그려진 100달러 위조지폐는 없을 것이다. 그것은 가짜임이 너무 확연히 드러난다. 위조지폐는 언제나 교묘하다. 일그러진 복음도 마찬가지다. 진짜 복음과 비슷해야 한다. 그렇지 않으면 사람들이 결코 속지 않는다. 치유 복음은 다음과 같은 점에서 사람의 마음을 끈다.

치유 복음은 인간의 가치를 존중한다고 주장한다

복음 이야기에서 말하듯이, 사람은 하나님의 창조의 절정이다. 우리는 그분의 형상으로 지음받았다. 사람은 하나님에 의해 주어진 특별한 신분 때문에 고유의 가치를 지니고 있다. 인간 생명은 신성하며, 우리는 하나님 앞에서 특별한 책임을 맡고 있다.

치유 복음은 사람이 소중함을 주장한다. 이는 우리 모두가 동감하는 사실이다. 우리는 하나님께로부터 주어진 타고난 가치를 지닌다. 앞으로 살펴보겠지만, 그 가치가 구원의 원인인 것은 아니다. 그러나 하나님이 우리와 우리의 삶에 관심을 갖고 계시다고 하는 이 일그러진 복음의 주장 자체는 옳다.

치유 복음은 곤경에 처한 우리를 하나님이 위로하신다고 말한다

하나님이 곤경에 처한 우리의 위로와 도움이시라고 노래하는 시편이 많다. 환난 중에 영원하신 하나님의 팔에 의지할 수 있다는 것은 얼마나 놀라운 사실인가! 우리가 힘들 때 하나님이 함께 하신다. 우리가 하나님의 임재를 바라는 만큼 확실히 느끼지 못할 때도 있다. 그러나 하나님이 함께 하신다는 것은 엄연한 사실이다.

특히 우리가 아버지의 돌보심을 필요로 할 때 하나님이 사랑과 관심을 베푸신다고 하는 치유 복음의 주장 자체는 옳다.

치유 복음은 하나님이 약속을 지키신다고 말한다

구약성경에서, 하나님은 장수와 부유함으로 족장들을 축복해주셨다. 시편 기자는 성공과 번영을 하나님의 축복의 표시로 묘사한다. 신실하신 하나님은 당신의 백성에게 약속을 베푸시고, 언제나 그 약속을 이행하신다.

신약성경에서, 교회 또한 하나님으로부터 약속들을 받는다. 하나님은 우리의 모든 눈물을 씻어주실 것이라고 약속하신다. 영생을 약속하셨다. 더 이상 고통이 없고 그리스도 안에서 고난과 천상의 부요함을 누릴 날을 우리는 고대한다.

이 약속들에 집중하게 하는 치유 복음은 옳다. 문제는 이 일그러진 복음이 우리를 너무 높은 소망으로 이끈다는 것이 아니다. 도리어 이 소망들이 충분히 높지 않다는 것이 문제다. 그것은 모든 축복의 원천인 하나님을 갈망하게 하기보다 그 축복 자체를 갈망하게 한다.

치유 복음의 결과

치유 복음을 받아들이면 특정한 결과가 뒤따르기 마련이다. 이 결과는 영적으로 강해져야 할 바로 그 시점에 영적으로 무기력하게 만든다. 치유 복음으로 말미암는 세 가지 주요 결과는 다음과 같다.

시련을 만날 때 낙심하게 된다

그리스도께 나아가면 삶이 더 쉽고 나아질 거라 믿는다면, 시련이 닥칠 때 당신은 낙심할 것이다. 폭풍이 우리의 집을 부순다. 암이 우리의 몸을 삼킨다. 경기 침체가 우리의 직장을 앗아간다.

하나님을 자판기로 여긴다면, 사탕이 나오지 않을 때 당신은 실망할 것이다. 화가 나서 자판기를 걷어차고 싶을 것이다. 혹은 하나님 보시기에 탐탁찮은 짓을 해서 고통당한다는 생각에 죄책감에 시달릴지도 모른다.

그리스도를 따름으로써 얻는 현세적인 축복을 강조할 경우, 우리는 상심의 씨앗을 심고 있는 셈이다. 가난에 시달리는 그리스도인은 자신이 부유한 자들만큼 신실하지 못하기 때문이라고 생각한다. 질병과의 싸움에서 서서히 지고 있는 신자는 왜 자신이 믿는데도 치유받지 못할까 의아해한다. 우울증에서 벗어나지 못하는 자들은 왜 자신에게 약속된 행복하고 활기찬 삶을 누리지 못할까 고민한다.

> 하나님은 우리의 자아 실현에
> 관심이 없으시다.
> 우리의 성령 충만에 관심이 있으시다.

치유 복음에는 늘 실망이 뒤따른다. 왜 그럴까? 신약성경이 초점을 맞추는 것은 건강과 부유함의 영광이 아니라 그리스도의 영광이기 때문이다. 그리스도의 제자는 슬픔과 친숙하고 자신을 부인하며 십자가에 못 박히신 분을 따른다. 아이러니컬하지만, 행복 추구권을 포기할 때 비로소 우리는 가장 큰 기쁨을 하나님께로부터 얻는다.

우리는 당연히 행복을 갈망한다. 하지만 참된 행복은 세상적인 것이 아니다. 참된 기쁨은 치유 복음에서 제시하는 것보다 훨씬 더 깊고 풍성하다. 그것은 하나님의 선물에서만이 아니라 그분 자신에게서 발견되기 때문이다.

치유 복음의 신은 너무 작다. 하나님은 사랑이시므로 시련과 불안으로부터 구해주실 것이라고 생각한다. 그러나 하나님의 사랑은 너무 커서 위안과 번영만을 주시는 데서 그치지 않는다.

하나님은 우리의 자아 실현에 관심이 없으시다. 우리의 성령 충만에 관심이 있으시다. 그는 우리를 당신의 아들의 형상으로 만들고 계신다. 고난받는 종이신 예수님을 더 많이 닮으려 한다면, 우리는 시련의 때를 지나야 한다.

죄의 개념을 약화시킨다

치유 복음은 우리가 하나님께 반역했다는 죄 개념을 무시한다. 그 대신 죄를 자신의 유익에 반하는 행동으로 본다. 결국 죄는 자신의 형편에 대한 것이다.

얼핏 생각하기에, 우리가 자신의 생각만큼 나쁘지 않다고 생각하는 것은 매력적이다. 치유 복음은 인간 본성에 대해 훨씬 더 낙관적이며 그것을 대체로 선하게 본다.

하지만 이 같은 죄 개념은 하나님의 크신 은혜를 흐릿하게 한다. 어느 분이 더 영광스럽게 보일까? 우리의 죄를 무시하시는 하나님인가? 아니면 우리의 엄청난 죄 값을 자신에게 지우시는 분인가? 죄의 심각성을 직시할 때 은혜의 고귀함을 깨닫고 변화된다. 하나님을 향한 책임을 면하게 해줄 정도로 죄를 가볍게 여길 때, 은혜는 싸구려로 전락하고 우리에게는 변화도 일어나지 않는다.

역설적이게도, 우리의 자존감을 떨어뜨리는 것은 치유 복음적 죄 개념이다. 우리는 자신을 다른 이들과 비교하기 시작한다. 자신이 처한 상황을 하나님 앞에서 어떻게 행하는지 보여주는 증거로 해석한다. 치유 복음은 자신의 결함을 더욱 부각시켜 더 큰 죄책감을 느끼게 한다.

죄를 외적 문제로 규정하라. 그러면 사람들이 내면적 상처를 입을 것이다. 그러나 죄가 내적 문제임을 깨달으면, 외적 해결책으로 눈을 돌린다. 우리에게는 구원하러 내려오시는 하나님이 필요하다. 성경적인 복음은 우리의 가장 큰 문제가 우리 자신이며 우리의 위대한 구원은 하나님이시라고 말한다.

우리는 반역적인 죄인들이지만, 하나님은 우리를 사랑하신다. 내게 문제가 없기 때문이 아니라 내가 나쁘기 때문에 하나님의 사랑이 더 크고 감격적이다.

하나님 자신보다 하나님이 주시는 것을 바라게 한다

치유 복음은 우리를 만족시키지 못한다. 하나님을 앎으로써 얻는 축복을 하나님에게서 받는 그 무엇으로 축소시키기 때문이다. 하나님의 선물은 우리를 그분께로 이끌기 위한 것이다. 우리의 목표는 그분으로부터 무엇을 얻는 것이 아니라 하나님을 얻는 것이다.

치유 복음의 가장 서글픈 결과는 선물을 주시는 분보다 선물에 더 많은 관심을 갖게 한다는 것이다. 천국 같은 선물마저도 하나님보다 더 사모하는 것으로 왜곡될 수 있다. 구원얻는 주요 목적이 천국에 들어가는 것이라면, 우리는 그리스도보다는 그분에게서 얻는 그 무엇을 추구하는 셈이다.

물론, 그리스도를 따르는 데 따른 축복은 많다. 폭풍 속에서의 평안함이 그 중 하나이고, 관대하게 베푸는 자를 하나님이 축복하시는 것도 사실이다. 하나님이 우리의 관대함을 통해 다른 사람에게 당신의 축복을 나눠주실 수 있기 때문이다. 교회를 섬기고 복음 사역에 합류하며 또한 순종하는 자들을 하나님은 축복하신다.

그러나 우리가 지상적인 축복을 얻기 위해 순종하는 것은 아니다. 우리가 순종하는 것은 현재 우리의 위대한 왕이신 분을 사랑하며, 과거에 베풀어주신 구원에 감사하며, 또한 미래에 보여주실 하나님의 자비를 믿기 때문이다.

그리스도께서는 지금 여기서 고통 없이 살아가며 만족해하도록 돕기 위해 오신 것이 아니다. 그분 안에서 만족을 얻게 하려고 오셨다. 치유 복음은 하나님의 영광보다는 우리의 행복에 초점을 맞춘다. 성경적인 복음은 하나님의 영광에 초점을 맞춘다. 우리가 그 영광을 추구할 때 영속적이며 참된 행복을 찾는다.

언젠가 찰스 스펄전은 사랑의 동기와 이기적인 동기의 차이점을 예를 들어 설명했다.

한번은 엄청나게 큰 당근을 재배한 사람이 있었다. 그것을 왕께 가져가서 말했다. "폐하, 이것은 이제껏 수확해본 적이 없고 앞으로도 없을 가장 큰 당근입니다. 그래서 폐하를 사랑하며 존경하는 제 마음의 표시로 이것을 가져왔습니다." 왕은 그 마음에 감동했다. 그가 돌아가려 할 때, 왕이 말했다. "기다려라! 네 마음이 참으로 갸륵하구나. 네 경작지 바로 옆에 내 땅이 있으니 네게 선물로 주겠다. 그 땅을 모두 경작하여라." 그래서 농부는 크게 기뻐하며 집으로 돌아갔다.

그 땅을 관리하던 궁정 신하가 그 말을 엿듣고서 혼잣말을 했다. '당근 하나를 주고서 땅을 얻다니! 더 나은 것을 드리면 어떻게 될까?' 그래서 다음날 신하가 잘생긴 검은 종마 한 필을 끌고 왕께 찾아갔다. 그가 절한 후에 말했다. "폐하, 저는 말을 기르는데 이것이 가장 멋진 말입니다. 폐하를 사랑하고 존경하는 마음의 표시로 이것을 선물로 드리고 싶습니다." 그 신하의 마음을 간파한 왕은 "고맙네." 하며 말을 받고는 그를 돌려보냈다.

신하가 당황하자 왕이 말했다. "잘 들어보아라. 그 농부는 '내게' 당근을 주었지만 너는 '너 자신에게' 말을 주었느니라."[2]

치유 복음에 대처하는 방법

우리가 치유 복음에 속게 되면 어떻게 할까? 치유 복음의 영향에 어떻게 대처할까? 세 가지 방안이 있다.

하나님을 중심에 두라

1990년대 중반에, 짐 캐리는 '트루먼 쇼'(The Truman Show)라는 영화에서 주연을 맡았다. 영화 속의 트루먼 쇼는 연중무휴로 하루 24시간 전 세

---

2) Charles Spurgeon, 팀 켈러가 *The Prodigal God* (New York: Dutton, 2008), 60-62에서 언급.

계에 생방송으로 방영되는 리얼리티 쇼로서 TV 리얼리티 쇼의 대두를 패러디했다. 트루먼 쇼의 세계에서는 모든 것이 그를 중심으로 돌아갔지만, 정작 그 자신은 쇼의 주인공이라는 사실을 모르고 있었다. 마침내 그는 뭔가가 잘못 되었음을(자신이 속고 있었음을) 깨닫는다.

이 영화는 '트루먼 쇼 망상'이라는 정신병명을 탄생시켰다. 이 병에 걸린 환자는 자신이 연중무휴로 24시간 방영되는 TV 리얼리티 쇼의 주인공이라고 믿는다. 한 환자는 이렇게 말했다. "나는 내가 중심이었고 또 중심임을, 수많은 사람의 관심의 초점임을 깨달았다. ……내가 아는 모든 사람과 내 가족은 나를 온 세상의 관심의 초점으로 만들기 위해 제작된 영화 속의 배우다."[3] 자신을 우주의 중심으로 생각하는 것이다.

우리는 이런 종류의 자기 중심성을 비웃지만, 돌아서서 치유 복음을 받아들인다. 치유 복음 역시 자신을 우주의 중심에 두는 것이다. 우리 중에는 자신이 세상의 중심이라고 생각하는 이들이 많다. 하지만 트루먼과는 달리 우리는 무엇인가가 잘못 되었음을 결코 깨닫지 못한다.

성경에 의하면, 우리가 자신을 우주의 중심에 두지 않을 때 의미와 목적과 만족을 찾는다. 우리가 적절한 위치를 찾는 것은 우주의 중심에 계신 하나님을 발견할 때이다. 치유 복음은 본래부터 인간 중심적이다.

성경적 복음은 하나님 중심적이다. 그 핵심은 우리의 행복이나 만족이 아니라 하나님과 그의 영광에 관한 내용이다. 하나님을 제대로 이해할 때, 당신은 자기 중심성에서 벗어나 그분에게서 비롯되는 참된 기쁨과 만족의 샘물을 마음껏 마실 수 있다.

---

3) *National Post*, "Reality Bites", 2008년 7월 21일.

하나님 안에서만 기쁨을 찾으라

치유 복음에 대처하는 또 다른 방법은 끔찍한 시련의 시기에도 하나님 안에서 만족을 찾는 것이다. 치유 복음은 그리스도를 다른 무언가를 얻기 위한 도구로 삼는다. 그러나 성경적인 복음은 '그리스도가 전부'이시라고 말한다.

히브리서 기자는 "너희가 갇힌 자를 동정하고 너희 소유를 빼앗기는 것도 기쁘게 당한 것은 더 낫고 영구한 소유가 있는 줄 앎이라"(히 10:34)며 칭찬한다. 치유 복음에 의하면, 시련의 시기에 우리는 하나님을 기쁘시게 해드릴 수 없다. 왜냐하면 고통이란 언제나 우리의 믿음의 결여에서 비롯된다고 보기 때문이다. 그러나 히브리서 기자는 궁극적인 보화가 오직 하나님이시기에 모든 것을 잃고도 기뻐하는 자들을 칭찬한다.

세상적으로 큰 손실을 입고시도 기뻐할 수 있게 하는 복음은 어떤 것인가? 치유 복음은 아니다. 예수 그리스도를 가장 가치 있는 보화로 여기는 성경적인 복음만이 큰 손실 중에도 기뻐하게 할 수 있다.

20세기 루마니아의 찬송 작가 니콜라에 몰도비우누는 일생 동안 수천 곡을 썼다. 그 중 다수는 공산 정권에 의해 투옥된 상태에서 쓴 것이다. 몰도비우누의 가장 사랑받는 곡인 '내 하나님을 찬양하나이다'(To You I Sing My God, 1983)는 경찰이 그의 집에 들이닥쳐 모든 것을 약탈해간 직후에 만들어졌다. 성경적인 복음에 사로잡힌 사람이 아니고서는 그처럼 신뢰로 가득한 가사를 쓸 수 없었을 것이다. 그 가사에는 이런 내용이 포함되어 있다.

"주께서 따뜻한 돌보심으로 제게 주신 모든 것들로 인해,

주께서 제게서 앗아가신 모든 것들로 인해,

감사함으로 주를 경배합니다."

복음 안에서 자신의 가치를 찾으라

치유 복음은 하나님의 구원의 동기가 우리 자신의 가치를 회복시키는 데 있다고 믿게 한다. 이런 사고에 의하면, 그리스도가 우리를 구원하러 오신 것은 우리가 하나님께 너무나 소중하기 때문이다. 이 가르침은 매우 매력적으로 들리지만, 성경적인 기독교보다는 고대의 영지주의를 더 많이 닮았다. 좋은 예로서 누가복음과 영지주의적인 도마복음(정경 복음서들보다 훨씬 후대에 기록됨)에 각각 나오는 잃어버린 양 비유를 비교해볼 수 있다. 누가복음에 수록된 잃어버린 양의 비유는 다음과 같다.

> 너희 중에 어떤 사람이 양 백 마리가 있는데 그 중의 하나를 잃으면 아흔아홉 마리를 들에 두고 그 잃은 것을 찾아내기까지 찾아다니지 아니하겠느냐 또 찾아낸즉 즐거워 어깨에 메고 집에 와서 그 벗과 이웃을 불러 모으고 말하되 나와 함께 즐기자 나의 잃은 양을 찾아내었노라 하리라 내가 너희에게 이르노니 이와 같이 죄인 한 사람이 회개하면 하늘에서는 회개할 것 없는 의인 아흔아홉으로 말미암아 기뻐하는 것보다 더하리라 (눅 15:4-7).

비성경적인 도마복음을 비교해보라.

예수께서 말씀하셨다. "천국은 백 마리 양을 치는 목자와 같다. 그

양들 중 가장 큰 양이 길을 잃었다. 목자는 아흔아홉 마리를 두고서 잃어버린 것을 찾아다녔다. 마침내 그 양을 찾아낸 목자가 이르기를, '나는 아흔아홉 마리보다 너를 더 사랑한다.'"라고 했다.[4]

누가복음 내용과 도마복음 내용의 차이는 무엇일까? 후자에서는, 목자의 '수고'보다는 양의 '가치'에 초점을 맞춘다. 양이 너무나 소중하기 때문에 목자가 그것을 찾으러 다녔다는 것이다.

하지만 성경은 다르게 말한다. 구원의 핵심은 우리가 소중해서 하나님이 우리를 사랑하신다는 데 있지 않다. 우리에게는 구원얻을 자격이 전혀 없지만 위대하신 하나님이 그 크신 자비로 우리를 사랑하여 우리를 가치 있는 존재로 삼아주셨다는 것, 이것이 구원의 핵심이다.

치유 복음은 우리로 하여금, '주님, 제 가치를 인정하여 저를 사랑해주시니 감사합니다.'라고 생각하게 한다. 반면에 성경적인 복음은 우리로 하여금 깊이 감사하는 마음으로 무릎을 꿇고 이렇게 부르짖게 한다. "하나님, 제 마음이 귀한 보석이기보다는 흉한 바위 같음에도 불구하고 저를 사랑해주시니 감사합니다."

치유 복음은, "나는 소중하며, 그 때문에 하나님이 나를 사랑하신다."라고 말하게 한다. 성경적인 복음은, "하나님이 나를 사랑하시므로 내가 소중하다."라고 말하게 한다.

하나님의 사랑을 받을 만큼 본래적으로 가치 있는 것이 우리 속에는 전혀 없다는 사실을 깨달을 때, 우리는 우리를 친히 구원하러 오신 하나

---

[4] 도마복음, 107절, Marvin Meyer 역, *The Gospel of Thomas: The Hidden Sayings of Jesus* (New York: Harper Collins, 1992), 61.

님의 은혜에 압도된다. 우리가 눈물을 흘리며 반복할 수 있는 말은 이것뿐이다. "왜 나일까? 왜 나일까? 왜 나일까? 그 놀라운 은혜를! 나같이 비천한 존재를 왜 구원하시는 걸까?" 치유 복음은 은혜를 기대하게 만든다. 반면에 성경적인 복음은 은혜에 놀라게 만든다.

 | 이 장과 관련된 성경 말씀 |

제자도의 대가
마태복음 7:14; 누가복음 9:62; 14:26-28, 31, 33

인간의 가치
창세기 1:26-31, 9:6; 시편 8:4, 5; 잠언 24:11,12; 예레미야 1:4, 5; 마태복음 6:26

곤경 때에 우리의 도움이신 하나님
출애굽기 15장; 시편 23, 46편; 이사야 40:1-8, 61장; 빌립보서 4:4-7

그리스도의 형상을 닮아가는 길로서의 고난
고린도후서 11장; 골로새서 1:24-2:5; 히브리서 12:1-17; 야고보서 1:2-4; 베드로전서 1:3-9, 4:12-19; 히브리서 10:34

죄의 보편성
시편 14:1-3, 53:1-3; 이사야 64:6; 예레미야 17:9; 마태복음 15:19

죄인들을 향한 하나님의 사랑
마가복음 2:13-17, 8:1-3; 누가복음 15장; 요한복음 13:1; 로마서 5:6-11; 디모데전서 1:12-17

행동하는 사랑은 꿈꾸는 사랑에 비해, 거칠고 무서운 것이다.
_『카라마조프 가의 형제들』

CHAPTER
3
심판 없는 복음

일그러진 복음

    1971년에 발표된 존 레논의 '이매진'(Imagine)은 천국이나 지옥 따윈 없다는 생각을 갖도록 독려한다. 대신 오늘의 삶에 충실해야 한다는 것이다. 이 노래는 비틀즈의 유명한 히트곡으로 지금까지 사랑받는 팝송 중 하나이다. 그 가사는 종교적인 주장과 전통적인 윤리에 의문을 제기하던 때인, 1960년대 이후의 분위기를 요약한 내용이다.

    40년이 지나, 현재 많은 복음주의자가 레논의 조언을 따르고 있다. 복음이 사후에 관한 내용이 아니라고들 한다. 복음이 영원한 상태보다 훨씬 더 큰 물음에 대한 답을 제시한다는 것이다. 복음은 내일에 관한 것이기보다는 모두 오늘의 삶에 관한 것이란다.

    불행하게도, 복음주의의 일각에서 옹호하는 이 '큰 복음'이 실제로는 전체를 다 포함할 만큼 충분히 크지 않다. 물론 복음은 오늘의 삶에 관한 내용이기도 하다. 복음이 사후의 천국에 관한 내용인 것만은 아니다. 그러나 복음의 비전을 제대로 이해하려면, 복음 선포의 토대가 되는 복음 이야기의 모든 구성 요소를 놓치지 말아야 한다.

심판날

사도신경은 그리스도께서 산 자와 죽은 자를 심판하러 다시 오실 것이라고 말한다. 이것을 해설하면서, 하이델베르크 교리문답은 "이 지식이 위안을 주는 이유는 무엇인가?"라고 묻는다. 얼핏 보기에, 이것은 이상한 물음 같다. '예수님이 심판하러 다시 오시는' 것이 위안을 주다니? '심판날'이라는 말을 들을 때 당신은 무슨 생각이 드는가? 나는 두려움을 느낀다. 나는 '세상 종말'에 관한 영화에 마음이 끌린다. 할리우드에서 제시하는 심판 개념이 아니라 성경적인 개념을 받아들여야 함을 기억하는데도 무서움을 떨치기 힘들다. 이 세상과 우리의 모든 그릇된 부분에 대해 쏟아지는 하나님의 거룩하고 의로운 심판을 생각해보라. 참으로 오싹하지 않은가!

그러나 하나님의 심판이 위안을 주는 면도 있다. 그것은 교리문답 기자들이 복음 이야기의 핵심 내용으로 인식했던 그 무엇이다. 우리는 이것을 결코 간과해서는 안 된다.

심판과 공의

두 살배기 우리 딸이 지금 말을 배우고 있고, 우리는 그 말을 알아듣는 법을 배우고 있다. 테이블에 머리를 부딪히거나 서랍에 손가락이 낄 때마다, 아이는 우리에게 알리느라고 울음을 터트린다. 아내와 나는 테이블을 내리치거나 서랍을 탕탕 두드리면 아이의 울음을 더 빨리 멈추게 한다는 것을 알고 있다. "이 나쁜 테이블!" "이 나쁜 서랍아!" 이런 말과 행동이 왜 딸에게 위안을 주는지 나는 자세히는 모른다. 그렇게 한다고 아이의 고통이 더 빨리 없어지는 것도 아니고, 무생물체인 테이블이나 서랍에 무슨 죄가 있어서 그렇게 하는 것도 아니다. 아이의 자그마한 두뇌로 생각하기에, 나름대로 공의가 이뤄졌다고 느끼기 때문에 아이가 위안을 받는 것 같다.

어린아이라도 옳고 그름에 대한 선천적인 감각을 지니고 있다. 사람들은 공의에 대한 바람으로 서로 연합하고, 우리는 삶이 공정하지 않음을 자각한다. 그러나 어떤 이유에서인지, 삶이 공정해야 한다고 생각한다. 성경의 가르침에 의하면, 현재에는 삶이 공정하지 않지만 그릇된 것이 바로잡히고 공의가 실현될 날이 임할 것이다. 하나님이 구부러진 것들을 영 단번에 펴실 것이다.

그리스도의 재림과 심판 개념이 위안을 주는 것도 바로 이 때문이다. 불의한 자의 손에 고통당하는 자들에게는, 모든 것이 바로잡히게 될 날에 대한 약속은 위안이 된다. 뒤집히고 미친 이 세상은 현 상태로 영원히 지속되지 않는다. 하나님이 공의를 실행하실 것이다. 하나님의 의가 모든 이의 눈에 분명히 드러나며, 마치 물이 바다를 덮음같이 주님을 아는 것이 온 땅을 덮을 것이다.

그러나 완벽한 공의의 세상에 대한 개념에는 무서운 면도 있다. 생각해보라. 하나님이 다시 와서 악한 세상을 제거하신다면, 우리에게 무슨 일이 일어나겠는가?! 우리는 완벽한 세상에 거할 수 있을까? 우리는 해결책을 갈망하지만 자신이 문제의 일부임을 깨달을 때 어떤 일이 일어나겠는가?

구속에 관한 우주적인 이야기 속에서 자신을 돌아볼 때, 우리는 자신이 악의 수동적인 희생자 그 이상임을 자각하게 된다. 우리는 악한 반란자들이며, 창조주 하나님의 선하고 자애로우신 권위에 반역한다.

러시아 공산주의자들의 손에 고통당했던 작가 알렉산드르 솔제니친이 이것을 잘 표현했다. "선과 악을 구분하는 선이, 나라나 계층이나 정치적 당파 사이에 그어지는 것이 아니라 모든 인간의 마음속에 그어진다는 사실을 나는 점차 깨닫게 되었다."[1]

우리는 공의에 목말라 하지만, 일단 하나님의 공의를 생각하면 우리가 하나님의 자비를 입을 때에만 그리스도의 재림이 좋은 소식이 될 수 있음을 알게 된다.

심판 없는 복음

우리 시대에는 사도신경의 마지막 부분을 주목하지 않고 슬그머니 지나치려는 유혹이 있다. 많은 복음주의자가 공의에 대한 말을 많이 하지만 심판에 대해서는 거의 말하지 않는다. 공의는 인기 있는 주제이지만 심판은 그렇지 않다.

그러나 공의와 심판은 동전의 양면이다. 심판이 없으면 온전한 공의도 없다. 하나님은 그릇된 것을 그릇되다고 반드시 선포하시고 바로잡으신다. 완벽하게 의로운 세상은 하나님의 심판으로 말미암는다. 이들 중 어

---

1) Alexandyr Solzhenitsyn, *The Gulag Archipelago 1918–1956* (New York: Harper Perennial, 2002).

느 하나가 없으면 좋은 소식이 아니다.

알프레드 히치콕의 가장 호평받는 영화 중 하나는 '현기증'(Vertigo)이다. 이 영화는 미스터리로 시작하여 살인과 이중적 정체성에 관한 이야기로 전환한다. 1958년에 개봉된 이 영화의 마지막 장면은 살인 교사범의 체포 소식을 라디오로 듣는 두 주인공의 모습을 보여주는 것이다. 그러나 히치콕은 그 결말이 불필요한 것으로 보고, 영화를 보다 애매한 방식으로 끝내기로 결심했다. 시청자는 과연 공의가 충족되었는지 의아해한다.[2]

'현기증'은 대단한 영화지만, 무엇인가 해결되지 않은 듯한 느낌을 준다. 공의가 충족되지 않는다.

심판주로서의 하나님 개념을 도외시하거나 거부하면 이야기가 바뀐다. 심판이 없다면 죄가 덜 심각해진다. 인간의 반역이 가볍게 여겨진다. 인간의 죄가 더 이상 창조주께 대한 우주적 반역으로 간주되지 않으며, 죄 사함의 은혜도 그 빛을 잃는다. 영원한 심판이 없다면, 우리가 구원받을 필요도 없다.

심판 없는 복음은 복음 이야기를 변경시키고, 복음 선포의 필요성을 축소시키며, 결국 복음 공동체의 특성도 변화시킨다. 심판주이신 하나님을 보지 못할 때, 우리의 독특한 위치를 잃게 된다. 하나님 나라의 '내부'와 '외부'에 있는 자들을 구분하는 경계를 흐릿하게 하면 우리의 증언도 힘을 잃는다. 이 일그러진 복음은 세발의자의 세 다리 모두에 영향을 미친다.

---

2) 이 영화의 역사에 대해서는 댄 올리어가 *Vertigo: The Making of a Hitchcock Classic*(New York: St. Martin's Griffin, 2000)에서 언급한다.

심판 없는 복음의 여러 유형

심판 없는 복음은 여러 유형을 띤다. 때로는 심판이 없는 이유 또는 심판에 대해 너무 염려해서는 안 되는 이유를 학적으로 설명하는 유형이다. 그런가 하면, 심판 개념을 완화시킨 유형도 있다. 심판을 경시하는 몇몇 유형을 소개하면 다음과 같다.

"모두 다 천국에 간다"

보편구원론은 결국 모든 사람이 구원될 것이라는 신념이다. 그것은 기독교 초기 신학자 오리겐에 의해 처음 제시되었다. 교회는 이 견해를 반박하는 여러 성경 구절을 근거로 대체로 이를 거부해왔다.

오늘날 많은 사람이 대부분의 사람이 천국에 갈 것이라는 입장에 근거한 왜곡된 보편구원론을 채택한다. 영원한 심판에 직면할 극소수의 사람도 있겠지만 지옥은 예외적이며 천국이 일반적이라는 것이다. 반면에, 성경은 하나님의 개입으로 구원받기 전까지는 모든 사람이 영원한 정죄를 당할 운명에 처해 있다고 설명한다.

이상하게도, 어떤 그리스도인은 구원을 위한 회심의 중요성을 말하면서도 마치 대부분의 사람이 하나님께 받아들여질 것처럼 행동한다.

얼마 전에, 연로한 그리스도인 한 분이 나를 점심 식사에 초대했다. 대화 중에, 그는 지옥의 존재에 대해 심각한 의혹을 느낀다고 했다. 그가 반역적인 마음이나 성경의 권위에 반발하여 지옥 개념을 거부하는 것은 아니었다. 단지 그는 기독교에 지옥 개념이 왜 필요한지 이해할 수 없었다. "공의를 믿나요?" 하고 내가 물었다. 그는 이제껏 이런 관점에서 지옥 개념을 생각해본 적이 없었다. 그릇된 것이 바로잡히고 하나님을 대적하는 죄악이 징벌당해야 한다는 사실을 생각하기 전까지는, 그는 지옥 개념을 자연히 부당하게 여겼다.

나는 많은 그리스도인이 그 사람과 같지 않을까 생각한다. 글이나 공개석상에서는 사람이 구원받으려면 회개하고 예수님을 믿어야 한다고 말한다. 그러나 내면 깊은 곳에서, 그들은 사실상 보편구원론자들이다. 결국에는 모두가 그리고 모든 것이 괜찮아질 것처럼 행동한다.

"내세는 현세의 선교적인 삶만큼 중요하지 않다"

복음 전도자들이 영원한 운명을 지나치게 강조했다는 지적이 인기를 끌어왔다. 내세(천국과 지옥)에 초점을 맞추면 현재적인 변화의 여지를 거의 남겨놓지 않는 미숙한 제자도를 초래한다는 것이다. 성경은 미래의 천국과 지옥에 대해서만이 아니라 지금 여기서의 삶에 대해서도 언급한다.

어떤 면에서 이 비판은 타당하다. 복음주의 교회에서 자란 나는, 영원한 운명을 결정짓는 한 차례의 결단에 초점을 맞추는 얘기를 많이 들어왔다. 가능한 한 많은 사람과 함께 천국에 가는 것이 기독교의 목표다.

하지만 성경에서 설명하는 구원은 단지 천국과 지옥 둘 중 하나를 선택하는 것보다 훨씬 더 풍성하다. 신약성경에서 궁극적 구원이란 천국 가는 것이 아니라 천국이 이 땅에 임하는 것이다.("나라이 임하옵시며……하늘에서 이루어진 것같이 땅에서도 이루어지이다."라고 기도하는 것도 바로 그 때문이다.) 부활한 몸을 입은 새 하늘과 새 땅에서의 삶이 죽음과 부활 사이의 육체 없는 중간 상태보다 훨씬 더 영광스럽게 생각된다. 사실, 어떤 복음 전도자들은 영광스러운 복음 이야기를 사후 천국 거처를 예약하는 이야기 정도로 왜곡시킨다. 반면에, 내세를 아예 배제하는 이들도 있다. 혹은 천국 개념을 남겨두지만 영원한 심판 개념은 없애기도 한다. 더욱이, 어떤 이들은 그리스도인의 선한 행위 모두를 포함할 정도로 '선교' 개념을 광범위하게 이해한다. 복음 전도는 경시되며, 사람을 회개케 해야 한다는 긴박감이 사라진다.

천국과 지옥에 대한 혐오는 성경과 관련된 것이기보다 오늘날의 문화적 풍토와 관련된 것이다. 오늘날 사람들은 영원에 별로 관심이 없다. 많은 사람이 심판에 대해선 말할 것도 없고 죽음에 대해서도 거의 생각지 않고 살아간다. 주요 도시에 핵 공격이 가해져서 수십만 명이 죽고 우리도 즉사할 위기에 처한다면, 내세에 관한 물음이 갑자기 의미 있는 것으로 부상할까? 그럴 경우에 '현세에서의 선교적인 삶'에서 '내세'로 강조점을 옮기는 것이 적절해질까? 아마 그럴 수도 있을 것이다.

물론, 우리의 영원한 운명이 복음 전도나 제자도에 있어서 유일하게 중요한 측면은 아니다. 하지만 영원은 중요하다. 성경을 지금 이 땅에서의 하나님 나라에 대한 내용으로만 보는 것은 한편으로 일리가 있지만, 왕이신 예수님의 통치하에 이루어질 우주적인 회복을 망각하게 한다. 이 회복은 그분을 반역하는 모든 세력에 대한 심판을 포함한다.

"하나님은 아무도 지옥에 보내시지 않는다. 사람이 그곳을 선택할 뿐이다"

이런 유형의 가짜 복음은 매우 타당해보인다. 이생에서 하나님을 거부하는 자들은 사후에 그분의 사랑으로부터 분리된 자신을 발견할 것이다. C. S. 루이스는 지옥문을 안에서 잠긴 것으로 묘사했다.[3]

---

3) C. S. Lewis, *The Problem of Pain* (New York: Harper Collins, 1996), 130.

사람들이 지옥에서 나갈 수 없는 것이 아니라 나가지 않으려 한다. 창조주 하나님께 복종하기보다는 인간의 이기적인 감옥 속에 머물기를 원한다는 것이다.

이런 관점에서 지옥을 보면, 하나님이 사람들을 지옥으로 보내시는 것이 아니다. 사람들 스스로 그곳을 선택한다. 하나님보다는 지옥을 선호한다. 이것은 성경적인 진리와 유사하다. 그리스도 대신 죄를 선택하는 자들은 사실상 영원한 파멸을 택하고 있는 것이다.

그러나 파멸이 이 땅에서의 죄악 된 선택의 결과인 것은 사실이지만, 지옥을 단지 결과적인 것으로만 얘기할 수는 없다. 죄인을 심판하시는 하나님을 묘사하는 성경 구절은 너무 많다. 예수님도 불의한 자들에게, "내가 너희를 도무지 알지 못하니⋯⋯내게서 떠나가라"(마 7:23)고 말씀하실 것이다. 예수님의 비유에서 하나님은 사람들을 바깥 어두운 곳으로 내던지시는 분으로 묘사된다. 그 어두운 곳에서 사람들은 울며 이를 간다. 나사로와 부자의 이야기에서, 부자는 구원해달라고 간구하진 않지만 구원을 바랐던 것이 분명하다. 그가 지옥을 원했다고 보기는 힘들다.

성경에서 밝히는 놀라운 사실은, 영원한 징벌이 하나님의 부재 상태가 아니라 진노하시는 하나님의 임재 상태라는 것이다. 심판에 대한 이런 견해는 분명히 인기가 없다. 소화하기 힘든 견해일 수 있다.

그러나 기독교가 진실하다면, 우리는 그것이 몇 가지 측면에서 우리의 입장이나 추측과 상충될 것임을 예상해야 한다. 영원한 심판에 대한 성경적인 묘사를 제대로 이해하려면 반드시 이 견해를 받아들여야 한다. 부활과 새 창조에 관한 신약성경의 묘사가 영광스럽고 장엄한 만큼, 그리스도 밖에 있는 죄인들을 향하신 하나님의 진노에 관한 묘사는 끔찍하고 무시무시하다.

"하나님은 우리의 마음을 보신다"

하나님께로 가는 유일한 길이 예수님이신지에 대한 질문을 받을 때, TV 설교자들은 "하나님은······마음을 아십니다."라는 문구를 이따금 사용한다. 이는 하나님이 사람의 마음 깊은 곳을 들여다보시며 각 사람의 선한 모습을 찾으실 수 있으므로 당신께로 가는 길을 제시할 거라고 하는 추측을 담은 말이다.

그러나 인간 본성에 관한 성경 말씀을 고려할 때, '하나님이 우리 마음을 보신다.' 는 것은 전혀 좋은 소식이 아니다. 하나님이 우리의 마음을 들여다보며 우리의 모든 것을 아신다고 생각해보라. 우리는 미처 손으로 실행하지 않은 온갖 사악한 계획을 마음에 품고 있다.[4]

하나님이 우리 마음을 보신다는 사실은 위안을 주는 것이 아니라 두려움을 안겨준다.

이런 유형의 가짜 복음이 매력적인 것은, 인생이 잘못된 방향으로 나아갈 수도 있지만 근본적으로는 선하다고 믿는 이들이 많기 때문이다. 그리고 신실하게 하나님을 찾는 자들은 하나님이 그들의 마음을 들여다보실 것이므로 결국 괜찮을 것이라는 것이다.

하지만 이것은 더 크고 근본적인 물음을 유발한다. '무엇이 선한지를 결정하는 이가 누구인가?' 이 질문에 대답하지 못하면, 우리는 '선' 에 대한 세상의 기준을 받아들이고 그것을 무비판적으로 주변 사람에게 적용

---

4) Michael Horton, "Whatever Happened to Sin?"; 웨스트민스터 신학교, 2007, http://www.wscal.edu/faculty/wscwritings/horton.osteen/whathappenedtosin.php를 보라.

하게 된다. 사람이 성경에서 가르치는 '선'-절대적인 도덕적 완벽함-에 스스로 도달할 수 있다면, 선한 불교도나 선한 이슬람교도 또는 선한 힌두교도는 모두 천국에 들어갈 것이다. 문제는 선한 사람이 천국에 들어가지 못한다는 것이 아니다. 선한 사람이 전혀 없다는 것이 문제다.

심판 없는 복음의 핵심		
이야기	선포	공동체
회복은 악에 대한 하나님의 심판이나 반역한 인간에 대한 그분의 대응보다는 하나님의 선하심에 중점을 둔다.	예수님의 죽음은 그 희생을 통해 하나님의 진노를 돌이키기 위함이라기보다는 인간의 대적들(사망, 죄, 사탄)을 멸하기 위한 것이다.	개인 전도가 급하지 않거나 불필요할 정도로 교회와 세상의 경계가 흐려진다.

심판 없는 복음이 매력적인 이유

앞에서는 성경의 심판 개념을 약화시키려는 몇 가지 방식을 살펴보았다. 심판 없는 복음의 유형은 여러 가지다. 가벼운 유형에는 심판 개념이 어느 정도 남아 있다. 그러면 심판 없는 복음이 오늘날 이토록 매력을 끄는 이유는 무엇일까?

기독교에 대한 정서적인 장벽을 제거해준다

현실을 직시하자. 이 가짜 복음은 신앙을 나누는 데 방해가 되는 정서적인 장벽을 극복하도록 도와주기에 매력적이다. 영원한 심판이라는 방해물이 제거된다면, 우리는 하나님의 심판 개념을 거부하는 이 사회에 기독교를 더 친밀하게 소개할 수 있다.

불행하게도, 심판을 경시하거나 부인할 때 우리는 신앙을 나누는 핵심 이유 중 하나를 상실한다. 방해물을 제거하려다 긴급한 일을 놓치게 된다.

우리의 양심을 편하게 한다

이 가짜 복음이 매력적인 또 다른 이유는 복음 전도에 실패한 우리의 양심을 편안케 해준다는 것이다. 마귀를 포함하여 모두가 결국 구원받을 것이라는 생각은 우리 어깨의 짐을 내려놓게 한다. 또한 이 가짜 복음을 받아들이면 구원받지 못한 채 죽은 가족이나 친구에 대한 염려에서 놓여난다. 우리는 지옥에서 고통당하는 할머니를 상상하고 싶지 않다. 심판을 경시하면 그런 고통에서 벗어난다.

우리 자신의 악과 대면하지 않아도 된다

인간의 극단적인 잔학 행위를 직접 경험하지 않은 이들이 많다. 만일 우리가 캄보디아의 킬링필드나 아우슈비츠 수용소 또는 르완다 사태를 경험한다면, 공의에 대해 더 많은 관심을 가질 것이다. 오스 기니스는 "하나님의 존재에 대한 증거는 지옥을 필요로 하는 레닌과 트로츠키의 존재"[5]라고 했던 윈스턴 처칠의 말을 인용한다.

일단 공의가 필요함을 인정하면, 우리는 자신의 죄 문제에 대해 생각하

---

5) Os Guinness, *Unspeakable*(New York: HarperOne, 2006), 217.

게 된다. 이 가짜 복음이 매력적인 것은, 공의를 인정하여 우리 자신을 고발하기보다는 공의를 억누르고 싶은 마음이 우리 속에 있기 때문이다.

심판 없는 복음에 대처하는 방법

심판 없는 복음은 오늘날 제시되는 가장 매력적인 가짜 복음일 수 있다. 우리 문화의 전반적인 흐름은 신성한 공의의 실재를(심지어 그 필요성을) 거부하는 일종의 다원주의로 향하고 있다. 심판 없는 복음의 여러 유형에 대처할 수 있는 방법은 다음과 같다.

심판이라는 좋은 소식을 인정하라

"어떻게 심판이 좋은 소식일 수 있을까?" 하고 물을 수도 있다. 좋은 물음이다. 이 물음에 답하려면 공의를 사랑하는 이유에 대해 먼저 생각해볼 필요가 있다. 일단 하나님의 심판으로 인해 세상의 모든 그릇된 것이(전쟁과 기근과 질병 등이) 끝장남을 이해하면, 우리는 왜 사도 바울마저 심판을 복음의 일부로서 언급했는지 이해할 수 있다. 로마서 2장에서 그는 이렇게 말한다. "이런 이들은 그 양심이 증거가 되어 그 생각들이 서로 혹은 고발하며 혹은 변명하여 그 마음에 새긴 율법의 행위를 나타내느니라 곧 나의 복음에 이른 바와 같이 하나님이 예수 그리스도로 말미암아 사람들의 은밀한 것을 심판하시는 그 날이라"(롬 2:15, 16). 복음에 의하면, 하나님은 인류를 심판하실 것이다.

구약성경 또한 하나님의 심판을 좋은 소식으로 이해한다. 시편 96편을 보라.

아름답고 거룩한 것으로 여호와께 예배할지어다 온 땅이여 그 앞에서 떨지어다 모든 나라 가운데서 이르기를 여호와께서 다스리시니 세계가 굳게 서고 흔들리지 않으리라 그가 만민을 공평하게 심판하시리라 할지로다 하늘은 기뻐하고 땅은 즐거워하며 바다와 거기에 충만한 것이 외치고 밭과 그 가운데에 있는 모든 것은 즐거워할지로다 그때 숲의 모든 나무들이 여호와 앞에서 즐거이 노래하리니 그가 임하시되 땅을 심판하러 임하실 것임이라 그가 의로 세계를 심판하시며 그의 진실하심으로 백성을 심판하시리로다 (9-13절).

성경 기자들이 심판을 좋은 소식으로 여긴 것은 분명한 사실이다. 예수께서 산 자와 죽은 자를 심판하러 오신다고 하는 개념은 (하이델베르크 교리문답에서 언급하듯이) 위안의 근거일 뿐 아니라 축하의 근거이기도 했다.

기독교에서 심판 개념을 제거하면, 공의에 대한 갈망을 충족시킬 소망도 사라진다. 그 갈망은 의롭고 지혜로우신 하나님에 의해 우리 속에 새겨진 것이다. 심판 없는 복음은 악의 문제나 서로에게(그리고 하나님께) 지은 죄를 처리하지 못한다. 일단 심판을 제거하면, 우리는 죄의 무게를 느끼지 않는다. 자신의 죄성을 자각하지 못하면, 우리는 받은 은혜에 대한 감격도 체험할 수 없다.

심판이 하나님의 거룩하신 사랑을 어떻게 입증하는지 보라

하나님은 진노와 자비를 동시에 드러내는 양극의 신(bipolar deity)이 아니시다. 사랑이 그분의 본질적인 성품이지만, 이 사랑은 오늘날 우리가 생각하는 감상적인 사랑과 같지 않다. 하나님의 사랑은 거룩하다. 질투

하시는 사랑이다. 하나님의 진노는 그의 사랑에 기초한다. 성경적인 심판 개념은 공의로운 미래를 확신시켜줄 뿐 아니라 하나님의 사랑을 더 분명히 이해하게도 한다.

자녀를 둔 자애로운 아버지를 생각해보라. 누군가 그의 자녀를 유괴하여 해를 가할 경우, 그 아버지가 아무런 분노도 느끼지 않는다면 그의 사랑은 과연 어떤 것일까? 혹은 아버지를 거역하고 자신의 삶을 망가뜨리는 자녀가 있다고 하자. 아버지가 그 자녀를 사랑한다면, 자녀의 그릇된 행동에 대한 아버지의 분노는 사랑에 기초한 것이다.

심판 없는 복음은 일차원적 하나님을 제시한다. 그 하나님은 우리가 쉽게 조종할 수 있는 감상적이며 나약한 신이다. 그는 마치 우리의 삶에 큰 관심을 보이지 않는 친절한 노인처럼 우리의 행동에 대해 그저 눈을 찡긋하며 고개를 끄덕인다. 그러나 하나님을 방조적인 아빠로 보기에는 이 세상의 악이 너무나 심각하다.

성경에서 제시하는 하나님은 우리의 모든 문제를 만족스럽게 해결해주시는 분이다. 그가 화를 내는 것은 사랑하시기 때문이다. 하나님은 세상을 보신다. 소녀 인신매매, 마약 중독, 아프리카에서의 집단 학살, 사람들을 평생 공포에 떨게 하는 테러리스트의 공격을 보신다. 그리고 당신의 영광을 반영하는 피조물에 대한 사랑에서 분노하시는 것은 당연하고 옳은 일이다. 참된 사랑은 언제나 상대방에게 가장 좋은 것을 원한다.[6]

정말 무서운 신은 성경의 진노하시는 하나님이 아니라 심판 없는 복음의 신이다. 그는 이 세상의 악을 방관하며 '사랑'의 이름으로 그것을 무

---

[6] Timothy Stoner, *The God Who Smokes: Scandalous Meditations on the Faith*(Colorado Springs: NavPress, 2008), 97, 98.

하나님이 노하시는 것은 사랑하시기 때문이다. 참된 사랑은 언제나 상대방에게 가장 좋은 것을 원한다.

시한다. 이것은 어떤 종류의 '사랑'인가? 죄에 대해 화내지 않고 악을 징벌하지 않는 신은 경배받기에 합당하지 않다. 문제는 심판 없는 신이 너무 자애로운 것이 아니다. 그가 충분히 자애롭지 않다는 것이 문제이다.

출애굽기에서, 하나님은 모세에게 자신을 이렇게 계시하신다. "여호와라 여호와라 자비롭고 은혜롭고 노하기를 더디하고 인자와 진실이 많은 하나님이라 인자를 천대까지 베풀며 악과 과실과 죄를 용서하리라." 그런 후에, "그러나 벌을 면제하지는 아니하고"라며 덧붙이신다(34:6, 7). 달리 말해서, 하나님의 자비와 긍휼은 그의 공의와 분리된 것이 아니다. 심판하지 않는 신은 죄에 맞서 그것을 멸하기보다는 "단지 죄를 숨기는, 심지어는 죄를 피하는 신일 뿐이다. 그는 도덕적인 겁쟁이에 불과하다."[7]

영원한 심판은 우리가 자애로우신 하나님에 의해 창조된 좋은 세상에 살고 있음을 자각할 때에만 제대로 이해된다. 죄로 인해 이 세상에 파괴와 번민이 생겼다. 피조물이 구속과 심판의 때를 갈망하며 신음하고 있는 것도 바로 이 때문이다. 그때에는 소멸시키는 불이 세상의 모든 흉한 것을 드러내고 그 자리가 하나님의 임재로 다시 채워질 것이다.

우리의 죄의 특성을 기억하라

하나님은 우리에게 끼치는 죄의 폐해 때문에 죄를 미워하신다. 당신의 선한 피조물에게 끼치는 폐해 때문에 죄를 미워하신다. 하나님은 당신의 자녀를 향한 크신 사랑 때문에 죄에 대해 분노하신다. 그러나 하나님

---

7) Greg Gilbert, *What is the Gospel?* (Wheaton, Ill.: Crossway, 2010), 44.

이 '우리의 유익을 위해' 죄를 심판하며, 피조물을 회복하실 것이라고 말하는 것으로는 충분치 않다. 이는 올바른 방향으로 한 걸음 내딛은 말이지만, 죄와 심판의 결정적인 요소를 간과한 것이다. 하나님이 죄에 대해 노하시는 것은 우리에게 끼치는 죄의 폐해 때문만이 아니라 당신께 끼치는 폐해 때문이기도 하다. 죄는 그분의 이름을 더럽힌다.

하나님의 심판을 단순히 죄악 된 행동에 따른 결과로 볼 때, 우리는 죄에 대해 치우친 견해를 갖게 된다. 죄는 '우리에게만' 나쁜 것이 아니다. 우리가 서로에게 범하는 모든 죄는 궁극적으로 하나님께 대한 것이다.

우리는 성경 전반에 걸쳐 이 사실을 확인한다. 요셉은 보디발의 아내의 유혹을 받을 때 보디발과 '하나님께' 죄를 짓지 않으려고 그 여자와의 동침을 거부한다. 그는 보디발을 배신하는 죄가 하나님을 거역하는 죄이기도 하다고 생각한다. 다른 사람에 대한 죄가 곧 하나님을 대적하는 짓임을 깨닫는다.

다윗 왕은 밧세바를 향한 욕정의 유혹에 지고 만다. 그 여자와 동침한 후에, 그는 임신 사실을 속이려 하고 결국 그녀의 남편인 우리아마저 죽음으로 내몬다. 자신의 죄를 은폐하려고 거짓말을 하며 심지어 충직한 장수들마저 연루시킨다. 그의 죄는 많은 사람에게 악영향을 미친다.

> 궁극적으로 모든 죄는 하나님을 배신하고 거부했던 아담과 이브의 개인적인 죄를 재현한 것이다.

훗날 다윗은 회개하고서 "내가 주께만 범죄하여 주의 목전에 악을 행하였사오니"(시 51:4)라고 고백한다. 왜 그렇게 고백할까? 그는 많은 사람에게 죄를 범했다. 하지만 그는 하나님께만 범죄했다고 고백한다. 이는 궁극적으로 모든 죄는 하나님을 배신하고 거부했던 아담과 이브의 개인적인 죄를 재현한 것이기 때문이다.

왜 심판을 개인적인 것으로 이해해야 할까? 우리의 죄가 개인적인 것이기 때문이다. 그것은 하나님을 향한 것이며, 따라서 개인적으로 처리되어야 한다.

결국 선이 이길 것임을 믿고서 위안을 얻으라

우리는 시편에서 많은 것을 배울 수 있다. 그리스도인으로서 느끼는 모든 감정이 하나님을 향한 찬양과 비탄의 시편들 속에 담겨 있다. 때로는 시편 기자와 함께 최고조의 감격적인 찬양으로 날아오른다. 그런가 하면, 만일 하나님이 통제하신다면 도대체 지금 무엇을 하고 계시는가 하고 생각하면서, 시편 기자와 함께 가장 깊은 절망의 나락으로 떨어지기도 한다.

또한 '저주의' 시편으로 불리는 것들도 있다. 시편 기자는 대적들에게 심판이 임하기를 기도한다. 직접 개입하셔서 누가 옳고 그른지를 판단해주시길 하나님께 요청한다. 나는 이런 시편들에 대한 설명을 많이 보았다. 대부분은 영적으로 해석하거나 신약시대와 무관하게 여기거나 또는 무시해버린다.

그러나 이 시편들에서 위안을 얻는 사람들도 있다. 그 이유는 무엇일까? 그들은 악행을 직접 당했다. 실제로 대적들의 공격을 받는다. 잔인한 일을 무수히 경험한다. 당신이 다른 사람들의 손에 고통당할 때, 믿음에 대한 대가를 지불해야 할 때, 사랑하는 이들이 신앙 때문에 고통당하고 당신도 무자비한 핍박에 시달릴 때, 다음과 같이 부르짖는 것은 타당하다. "거룩하고 참되신 대주재여 땅에 거하는 자들을 심판하여 우리 피를 갚아 주지 아니하시기를 어느 때까지 하시려 하나이까"(계 6:10). 교회에 나간다는 이유로 비밀경찰에게 잡혀가 위협과 고문을 당한다면, 당신은 구원과 공의를 갈망케 될 것이다.

욥은 이르기를, "성 중에서 죽어가는 사람들이 신음하며 상한 자가 부르짖으나 하나님이 그들의 참상을 보지 아니하시느니라"(욥 24:12)고 한다. 욥은 공의를 갈망하며, 하나님이 의로운 행동을 옹호하고 악한 행동을 징벌하시길 갈망한다. "선한 것을 옹호하고 악한 것을 징벌하시는 주권적인 선포인 심판이 혼돈을 제거할 유일한 방안이다."[8]

하나님이 이 세상에 악과 고통을 허용하신다며 불평하는 이들이 많다. 하지만 그들은 하나님의 재판관 개념에 대해서도 화를 낸다. 이것은 모순이다. 이 세상의 악을 하나님이 처리해주시길 기대한다면, 그분의 심판도 기대하는 것이 마땅하다.

심판 개념이 사회에 유익함을 인식하라

우리가 심판을 믿는 것은 성경에서 분명히 가르치는 개념이기 때문이다. 심판은 사회를 위해서도 좋은 소식이다. 디네시 드 수자는 심판의 가능성을 포함한 내세를 강력히 주장한다. 또한 그는 사후의 심판이 기대될 때 사회의 기능이 더 좋아진다는 견해를 피력한다.[9]

니콜라에 차우셰스쿠의 루마니아 공산 정권을 생각해보라. 내 아내는 그 환경에서 자랐고, 거기서 일어나는 불법들을 직접 목격했다. 차우셰

---

8) N. T. Wright, *Evil and the Justice of God* (Downers Grove, Ill. : InterVarsity, 2006), 178.
9) Dinesh D'Souza, *Life after Death* (Washington, D.C. : Regnery, 2009), 185–200.

스쿠는 공공연하게 무신론자임을 자처했으며, 하나님을 믿는 이들을 용납하지 않았다. 사후의 일에 대해 아무런 두려움도 갖지 않았기 때문에, 국민을 굶주리게 하면서도 자신은 호화롭게 살 수 있었다. 창조주 앞에 서야 한다는 두려움이 없었으므로, 그는 모든 이기적인 욕망을 정당화 할 수 있었다.

또 다른 동유럽인인 미로슬라브 볼프는 심판 개념을 제거하면 "은밀히 폭력이 조장된다."고 말한다. "모든 것을 결국 바로잡으실 하나님의 존재를 믿지 않는다면, 나는 칼을 들고서 끝없는 보복의 소용돌이로 휩쓸려 들어갈 것이다."[10]

자신의 죄와 심판받아 마땅함을 시인하라

이 가짜 복음이 매력적인 이유는 우리 자신의 죄에 직면하지 않도록 막아주기 때문이다. 우리는 세상의 악은 잘 지적하지만, 자기 마음속의 악은 보지 못한다. 심판 없는 복음에 대처하는 최선의 방법은 자신의 죄를 시인하고 자신도 영원한 정죄를 받아 마땅함을 겸손히 인정하는 것이다.

『그들은 자유롭다고 생각했다』라는 책에서, 유대인 언론인 밀턴 메이어는 제2차 세계대전 동안 나치 만행에 동조했었던 일반 독일인들과의 인터뷰 내용을 소개한다. 이 책은 소위 문명인들이 어떻게 그토록 끔찍한 범죄에 연루될 수 있었는지를 보여준다. 이야기가 진행되면서, 메이어는 줄곧 자신의 행동을 정당화하는 독일인들의 위선에 혐오를 느낀다.

---

10) Miroslav Volf, *Exclusion and Embrace* (Nashville: Abingdon, 1996), 303.

나는 이들의 위선이 너무 싫다. 나는 그들의 자백을 듣고 싶다. 그들이, 또는 그들의 동족이나 정부가 기독교적이며 문명적이며 합법적인 삶의 법도를 위반한 것만도 고약한 일이었다. 그들이 그 점을 인식하려 하지 않는다는 것이 정말 역겹다. ……나는 그들이 이렇게 말하기를 원한다. "난 그 모든 것이 비기독교적이고 비문명적이며 비합법적임을 알았고 또한 알고 있으며, 내가 악을 사랑하는 까닭에 그렇지 않은 체했습니다. 나는 모든 독일인이, 무엇보다도 나 자신이 위선의 삶을 살았음을 자백하기를 바랍니다. 나는 부패한 사람입니다."

그러나 공의를 바라는 자신의 내면을 파헤치면서, 메이어는 자신의 죄악 된 통제 욕구에 직면한다.

나는 그 친구들이 잘못을 느껴서 자백하기만을 원하는 것이 아니다. 내가 원하는 것은 그들이 늘 잘못을 범해왔고 지금도 잘못된 상태임을 자백하는 것이다. 나는 그들이 열등감에 빠지길 원한다. 그리고 내가 우월한 입장에서 그들을 비방하는 자리에 앉아 그들로 하여금 공개적인 수치와 개인적인 고통 속에 살아가게 할 수도 있음을 과시하기를 원한다. 나는 능력 면에서만이 아니라 의와 자비에 있어서도 하나님이길 원한다. 몰락한 나치즘이 내게는 그렇게 할 수 있는 기회이다. 하지만 나는 하나님이 아니다.[11]

---

11) Milton Mayer, *They Thought They Were Free*(Chicago: Univ. of Chicago, 1955), 184, 185.

성경의 하나님 앞에 설 때, 우리는 눈앞에 펼쳐진 완벽한 의에 놀란다. 하지만 예수 그리스도 안에서 우리에게 보여주신 하나님의 은혜로 인해서도 놀란다. 파격적인 것은 하나님의 심판이 아니라 그분의 은혜이다!

방송인 래리 킹은 하나님께로 인도하는 유일한 길이 예수님이신지를 종종 기독교 설교자들에게 묻는다. 그는 그리스도를 믿는 살인자에 대해서도 묻는다. 그 살인자는 구원받을 수 있을까? 그가 천국에 들어갈 수 있을까? 범죄자가 석방된다는 것은 놀라운 개념이다. ……하지만 하나님은 공의를 유지함과 동시에 은혜를 베푸신다.

공의를 원하나 고통당하는 것은 원치 않는 반역자들에게 희망이 있다. 우리는 예수 그리스도의 십자가에서 공의와 자비를 가장 분명하게 본다. 그리스도의 십자가는 하나님의 이름을 옹호한다. 예수 그리스도를 믿는 우리 모두도 의로운 분이신 그리스도와 연합함으로써 의로운 존재로 선포된다.

재판관이신 하나님은 세상의 악을 완전히 제거하실 것을 약속하셨다. 그러나 우리를 사랑하신다. 그 크신 은혜 안에서, 하나님은 의로운 재판관이면서 또한 은혜로운 구속주이시다. 악에 대한 그의 진노는 십자가에서 그분의 독생자에게 쏟아졌다. 공의와 자비는 서로 상충되지 않고, 십자가에서 만난다. 우리에게는 심판과 자비 둘 다가 좋은 소식이다. 우리에게 남은 것은, 하나님의 거룩하신 빛 안에서 자신의 죄악을 시인하고 그 은혜의 빛 안에서 용서를 받는 일뿐이다.

| 이 장과 관련된 성경 말씀 |

하나님의 공의

시편 11:7, 33:5, 89:14, 97:12

의에 속하려는 갈망

시편 7:10, 31:1, 65:5, 143:11, 35:24

영원한 심판의 실재

마태복음 7:23, 25:31-46; 마가복음 9:42-48; 누가복음 16:19-31; 데살로니가후서 1:5-10; 요한계시록 14장

좋은 소식으로서의 심판과 공의에 대한 갈망

욥기 24장; 시편 96편; 로마서 2:15,16; 요한계시록 6:10

하나님의 사랑의 거룩성

출애굽기 33:7-34:9

우리 죄의 개인성

창세기 3장, 39:9; 시편 51:4

의로우신 재판관에 의한 칭의

로마서 3:21-31

Counterfeit
Gospels

PART

2

선포

복음 선포 | 도덕주의 복음 | 정적주의 복음

단 하나의 용서 행위가 모든 것을 변화시킬 수 있다.
_『생쥐 기사 데스페로』

CHAPTER

4

복음 선포

진리

우리는 준비를 마쳤다고 생각했다. 아기 침대, 아기 옷들로 가득한 벽장, 기저귀와 기저귀 가방. 모두 점검했다. 도움이 되는 책도 읽었다. 솔직히, 아내와 나는 지쳤고, 첫 아이를 맞이할 준비를 끝냈다. 아기가 태어나기 며칠 전에, 나는 불쑥 이렇게 말했다. "모든 게 안정되도록 아기가 빨리 태어났으면 좋겠어." 뭘 모르는 말이었다. 아기가 태어나면 아무 것도 안정되지 않는다. 도리어 모든 것이 변하고 새로워진다.

두 번째 아이가 태어났을 때에도 마찬가지였다. 나는 하루 종일 글을 썼고 집에서 조용한 저녁을 보낼 계획이었다. 그러나 아내의 양수가 터졌고 모든 계획이 바뀌었다. 우리는 잽싸게 움직여야 했다. 가방을 싸고 아이를 친구 집에 맡기고 나서 곧장 병원으로 차를 몰았다.

몇몇 사도들이 누군가가 복음을 믿을 때 일어나는 일을 '탄생'에 비유한 것은 흥미롭다. 복음 선포는 새로운 탄생을 초래한다. 그것이 새로운 실재에 관한 내용이기 때문이다. 예수 그리스도께서 죽은 자 가운데서 다시 살아났다고 하는 선포는 모든 전망을 새로워지게 한다. 우리가 복음 선포를 진정으로 깨달으면, 뒤로 물러섬이 없다. 가만히 머물 수도 없다. 마치 새 아기가 태어나듯이, 새로운 영적 탄생이 모든 상태를 뒤흔든다. 모든 것이 변한다. 새 창조가 시작된다!

복음 이야기와 꼭 들어맞는 복음 선포

복음은 세발의자와 같다. 이야기, 선포, 그리고 공동체라고 하는 세 발이다. 앞에서는 복음 이야기의 기본 구조를 살펴보았다. 창조로부터 새 창조까지에 이르는 이 세상의 이야기이다. 복음 이야기로부터 시작하는 이유는 복음을 이해하려면 문맥(배경)에 대한 이해가 필요하기 때문이다. 난데없이 "지하실은 안전하다!"라고 선포한다고 생각해보자. 이 선포는 여러 가지를 의미할 수 있다. 지하실이 잠시 손상되었다가 다시 복구되었을 수 있고, 탈주 중인 살인범이 지하실에 숨었는지 경찰이 조사한 후에 안전하다고 선포한 것일 수도 있다.

반면에 배경 이야기를 먼저 해보자. 토네이도가 모든 것을 파괴하면서 다가오고 있다. 달아날 곳을 찾는데, "지하실은 안전하다!"라는 소리를 들으면 그 말뜻을 정확하게 이해하게 된다. 그 말을 들은 사람은 지하실로 달려가서 토네이도가 지나가기까지 가만히 기다린다.

복음 선포에 있어서도 마찬가지다. 그레엄 골즈위디는 복음 선포를 이렇게 규정한다. "복음은 예수 그리스도에 관한, 그리고 우리를 하나님과의 올바른 관계로 회복시키기 위해 그가 행하신 일에 관한 말씀이다."[1]

왜 하나님과의 올바른 관계가 우리에게 필요한지를 알려면 복음 이야기가 필요하다. 하나님의 진노의 폭풍을 피하는 법을 알려면 복음 선포가 필요하다. 복음 선포를 하지 않고서는 복음 이야기를 제대로 전할 수 없다. 또한 이야기 없이는 제대로 선포할 수 없다.

복음 선포와 개인적 증언

복음 선포를 구체적으로 살펴보기 전에, 복음이 누구에 관한 내용인지를 분명히 할 필요가 있다. 복음을 선포하는 최선의 방법은 자신의 개인적인 증언(간증)이라고 믿는 이들이 많다. 개인적인 경험에 대해서는 아무도 왈가왈부할 수 없기 때문이다. 그리스도를 알기 전의 삶, 그리스도를 알게 된 과정, 그리고 현재 당신의 삶이 어떠한지를 다른 이들에게 얘기하라. 그런 후에 그들도 같은 경험을 할 수 있다고 말해주라.

개인적인 증언은 하나님의 구원 능력에 대한 증언으로서 효과적일 수 있다. 우물가의 사마리아 여인은 예수께서 자신에게 하신 일을 사람들에게 얘기했다. 요한복음 9장의 소경도 자신의 체험을 증언했다. 사도 바울도 사도행전에서 자신의 회심을 여러 차례 증언한다.

그러나 하나님에 의해 변화된 이야기는 복음이 아니다. 우리 삶의 변화가 복음의 능력을 증언하는 것이긴 하지만, 그것이 복음이지는 않다. 자신의 개인적인 이야기를 나누고 예수 그리스도에 관한 이야기, 특히 그분의 삶과 죽음과 부활에 관한 이야기를 하지 않는다면, 우리는 복음

---

1) Graeme Goldsworthy, *According to Plan: The Unfolding Revelation of God in the Bible*(Downers Grove, Ill.: InterVarsity, 1991), 73.

을 선포하고 있지 않다.

개인적인 증언이 각기 독특한 흥미를 끈다는 사실 자체가 그런 증언으로는 불충분함을 뜻한다. 복음 선포는 우리의 변화된 삶에 초점을 맞추는 것이 아니라 그리스도께 그리고 세상을 하나님과 화목시키기 위한 그분의 사역에 초점을 맞춘다.

이 선포는 역사에 뿌리를 두고 있다. 골즈워디는 이렇게 말한다. "복음은 예수 그리스도에 관한 사건(또는 그 사건에 대한 선포)이며, 그 사건은 그분의 성육신과 지상 생애로부터 시작하여 그분의 죽음과 부활과 승천으로 마감된다."[2]

성경 이야기의 여러 측면이나 복음을 둘러싼 신학적 진리들을 복음 그 자체와 혼동해서는 안 된다. "2,000년 전의 역사적인 예수님 안에서 그리고 그를 통해 하나님이 행하신 것이 아닌 것은 복음이 아니다." 그리스도인은 '복음대로 살라.'는 권면을 종종 받지만, 그렇게 살 수가 없다. 복음을 믿고, 선포하며, 또한 줄곧 복음에 따라 살려고 노력할 수 있을 뿐이다. 복음대로 사시고 죽으신 이는 예수님뿐이다. "복음은 우리를 위해 그분이 영 단번에 완성하신 완벽한 사건이다."[3]

예수 그리스도에 관한 이 복음 선포를 어떻게 간략히 요약할 수 있을까? 여러 가지 방법이 있지만, 네 가지 핵심 제목으로 구분하는 것이 유용하다. 예수님의 삶, 예수님의 죽음, 예수님의 부활, 예수님의 승귀에 관한 좋은 소식으로 나눠서 살펴보기로 하자. 그러면 이 선포가 회개와 믿음이라는 반응을 불러일으킬 것이다.

---

2) Graeme Goldsworthy, *Gospel-Centered Hermeneutics* (Downers Grove, Ill.: InterVarsity, 2007), 58, 59.
3) Ibid., 59.

예수님의 삶

초대교회의 신조들은 올바른 길로 행하도록 지켜주는 가드레일과 같다. 기독교의 본질적인 진리를 확실히 기억하게 한다. 그것들이 무오한 것은 아니며 때로는 일부 진리를 너무 과장하거나 축소시켜 말하기도 한다.

사도신경을 예로 들어보자. 우리는 예수님이 "성령으로 잉태하사 동정녀 마리아에게서 나시고, 본디오 빌라도에게 고난을 받으사 십자가에 못 박혀 죽으시고……" 하고 고백한다. 여기서 빠진 것이 무엇일까? 그리스도의 삶이다! 말구유에서 십자가로 곧바로 이동한다.

예수께서 왜 죽으셔야 했는지를 잘 아는 이들은 많다. 그러나 왜 그가 이 땅에서 사셔야 했는지를 아는 사람은 많지 않다. 그의 모든 이적은 무엇을 위한 것인가? 그가 수수께끼 같은 이야기들을 하신 이유는 무엇인가? 왜 종교 지도자들과 부딪히셨을까? 도달할 수 없는 수준의 윤리적 명령을 내리신 이유는 무엇일까? 분명, 하나님은 우리가 예수님의 삶에 대해 알기를 원하셨다. 그렇지 않다면 사복음서가 기록되지 않았을 것이다.

의미심장하게도, 초대교회는 마태, 마가, 누가, 요한의 기록들을 '사도 서신'이 아니라 '복음서'로 지칭했다. 물론, 예수님의 삶과 죽음을 설명하는 사도 서신들에도 복음 선포가 들어 있다. 그러나 예수님에 관한 네 권의 전기를 '복음서'로 지칭한 것은 예수님에 관한 이야기가 곧 '복음'이기 때문이다. 예수님은 우리에게 좋은 소식을 가져다주시기만 한 것이 아니다. 그분이 곧 좋은 소식이다. 우리를 위한 하나님의 계시이시다. 인간이 되신 하나님에 관한 이야기가 복음 선포의 핵심이다.

하나님 나라의 도래를 보여준다

예수님의 모든 설교의 핵심은 하나님 나라였다. 간단히 말해서, 하나님 나라는 하나님의 통치이다. 그것은 이 세상의 모든 것을 바로잡고 우리의 반역에 따른 결과를 제거하며 또한 우리를 용서하시는 하나님의 사역이다. 예수님은 이 통치를 확립하기 위해 오신다. 자신의 삶을 통해 이렇게 외치신다. "하나님이 약속을 성취하신다! 당신의 백성을 위해 실행하고 계신다! 하나님이 만물을 새롭게 하신다!" 그리고 이 메시지와 함께, "하나님이 나를 통해 이 모든 일을 이루신다!"고 주장하신다. 예수님은 메시아 왕이시며, 종으로 이 땅에 오신 하나님 아들이시다. 그를 통해 하나님이 세상을 회복하신다.

『사자와 마녀와 옷장The Lion, the Witch and the Wardrobe』에서 C. S. 루이스가 이 주제를 잘 포착했다. 나니아의 세계는 마녀의 저주로 고통당하고 있다. 그곳은 항상 겨울이지만 크리스마스는 없다. 그러나 나니아의 적법한 왕 아슬란이 돌아오자 모든 것이 변하기 시작한다. "아슬란이 오고 있다!" 그러자 산타클로스가 도착하여 선물을 나눠주며 모두에게 메리 크리스마스를 기원한다. 나니아의 긴 겨울이 끝나고 있다. 눈이 녹기 시작한다. 꽃들이 피기 시작한다. 봄의 징조들이 나타나며, 자신의 나라를 회복시키러 왕이 돌아오고 있음을 선포한다.[4]

이와 유사하게, 예수님의 삶은 하나님 나라의 도래를 보여준다. 격렬한 폭풍우가 제자들의 배를 뒤집으려 위협할 때, 예수께서 폭풍을 잠잠

---

4) C. S. Lewis, *The Chronicles of Narnia* (New York: HaperCollins, 2001).

케 하신다. 피조 세계에 임한 저주의 영향들이 그분의 통제로 제압된다. 예수께서 눈 먼 자와 다리 저는 자를 고치신다. 그들이 치유받는 것은 질병을 제거하는 하나님 나라의 통치가 임하기 때문이다.

예수님이 광야에서 사람들을 먹이시는 것은, 하나님 나라에서는 아무도 굶주리지 않음을 보여준다. 죽은 자를 살리실 때, 예수님은 죽음마저도 하나님 나라의 적수가 될 수 없음을 입증하신다. 그 행동과 말씀을 통해, 예수님은 그가 누구신지를(성육신하신 하나님이심을) 그리고 그의 나라가 어떤 것인지를 거듭 보여주신다.

우리의 완전한 의가 되셨다

예수님은 당신의 나라의 모든 요구 사항을 만족시키는 삶을 사셨다. 그는 우리를 위해 죽으셨을 뿐 아니라 우리를 위해 사셨다. 하나님 아버지의 뜻에 온전히 순종함으로써 인류를 향하신 그분의 의도를 충족시키셨다.

복음서 기자들은 우리를 대신하여 하나님의 율법을 완성하신 예수님을 강조한다. 또한 아담이 실패한 데서 예수께서 성공하심을 보여준다. 이스라엘이 실패한 데서 예수님은 성공하신다. 그리고 할렐루야!, 우리가 실패하는 데서 예수님은 성공하신다. 아담이 죄를 범했기 때문에, 우리도 하나님 앞에서 죄인이다. 예수님이 순종하셨기 때문에, 우리도 하나님 보시기에 의롭게 여겨진다.

죄 사함과 샬롬의 회복으로 이끄신다

하나님 나라의 도래와 예수님의 흠 없는 삶이 복음 선포의 핵심이다.

하지만 예수님의 주된 사역은 우리를 하나님께로 회복시키고 죄로 인해 부서졌던 샬롬을 회복시키시는 것이다. 예수께서 병자들을 치유한 후에 "평안히 가라."고 말씀하신 것이 몇 번이나 되는지 아는가?

일반적인 축복을 넘어, 이 샬롬 선포는 죄 사함을 시사한다. 예를 들어, 누가복음 7장에서 예수님은 평판이 나쁜 한 여자에게 "네 죄 사함을 받았느니라."고 선포하시며, 그리고 나서, "네 믿음이 너를 구원하였으니 평안히 가라."고 말씀하신다. 순서를 보라. 죄 사함이 선포되고, 믿음의 반응이 따르며, 샬롬이 회복된다.

어떤 복음주의자들은 하나님 나라의 중요성을 깎아내리고, 용서받을 필요성에 주로 초점을 맞춘다. 그런가 하면, 하나님 나라를 강조하고, 세상을 회복시키시려는 하나님의 계획에 용서의 비중을 약화시키는 이들도 있다.

그러나 복음서 기자들은 이 두 개념 모두를 중시한다. 하나님의 세계가 회복되려면 사람들이 죄 사함받고 하나님과의 관계를 회복해야 하기 때문이다. 우리의 왕과 화목해질 때 비로소 우리는 샬롬을 회복하고 그분의 영광을 반영하기 시작한다.

케이트 디카밀로의 『생쥐 기사 데스페로』는 한때 흥겨웠으나 슬픔에 잠기게 된 마을에 관한 이야기를 들려준다. 해가 비치지 않는다. 구름이 비를 내리지 않는다. 도시의 기쁨인 수프가 금지된다. 극도의 상심이 악감정과 좌절과 더 많은 고통을 유발한다. 용서 선포에서 이 영화는 절정에 달한다. 주인공들이 서로를 용서하기 시작한다.

그러자 갑자기 모든 것이 변한다. 태양이 다시 모습을 드러낸다. 스토브 위에 수프가 다시 올려진다. 구름이 비를 내리기 시작한다. 이 이야기

에서, 우주적인 회복이 용서에 뒤따른다.[5]

복음 선포도 같은 내용이다. 용서가 회복으로 이끈다.

예수님의 죽음

자신의 신념을 위해 목숨을 바친 사람들은 우리에게 감동을 준다. 마틴 루터 킹, 에이브러햄 링컨, 윌리엄 월리스 같은 순교자들은 자신의 신념을 믿었고 트럼펫을 울리며 무덤으로 나아갔다.

그러나 우리가 이들의 죽음을 기뻐하지는 않는다. 에이브러햄 링컨의 암살을 기념하진 않는다. 윌리엄 월리스가 어떻게 죽었는지 자세히 주목하지는 않는다. 그들의 죽음은 그들 삶에 관한 이야기의 마지막 장이다. 순교는 그들 이야기의 끝이다.

예수님의 경우는 다르다. 우리는 그분의 처형을 둘러싼 사건들에 관심을 집중한다. 마가복음은 불균형을 느끼게 할 정도로 많은 지면을 예수님의 죽음에 할애한다. 그래서 마가복음은 '확대된 도입부를 지닌 수난기사'로 불리기도 한다. 예수님의 모든 삶이 십자가를 향한 여정이며, 마가복음의 16개 장 중 여섯이 예수님의 십자가 처형이 임박했던 날들에 관한 내용이다.

다른 복음서 기자들도 예수님의 죽음에 초점을 맞춘다. 누가복음의 가장 긴 단락 중 하나는 예루살렘으로 향하시는 예수님의 여행을 보여준다. 복음서 기자들이 예수님의 천국 메시지에 관심이 있고, 그분의 대속의 죽으심에는 관심이 없다고 하는 견해는 터무니없는 것이다. 마르틴

---

5) Kate DiCamillo, *The Tale of Despereaux* (New York: Scholastic, 2006).

루터의 말이 옳았다. "십자가에 초점을 맞추지 않는 신학은 진정으로 기독교적인 것이 아니다."[6]

속죄하는 왕이심을 보여준다

하나님 나라는 이 세상의 왕권 개념을 뒤엎는다. 우리는 예수님의 죽음을 통해 하나님의 마음을 읽는다. 예수님은 통치하러 오셨고, 그의 보좌는 십자가였다. 제자들은 영화로운 예수님의 옆 자리에 앉기를 기대했다. 하지만 예수님이 십자가에 매달리시자 그들은 그를 버리고 달아났다. 예수님의 수치스러운 죽음이 그의 영광이었다.

신학자들은 예수님의 십자가 죽음의 의의에 대해 논쟁을 벌인다. 속죄의 성격 또는 우리 죄를 위한 희생제사로서의 예수님의 죽음에 대한 개념이 위협받는다.

어떤 이들은 복음주의자들이 우리 대신 죽으신 예수님을 너무 강조하여 다른 중요한 의미를 놓치게 만든다고 생각한다. 그런가 하면, 다양한 이론들을 서로 대립시키는 이들도 있다. (최근에는, 대속의 관점을 제외한 모든 이론을 수용하는 '만화경 같은 관점'이 옹호되기도 한다.)

> 우리를 위해 하나님이 행하신 일의 핵심이 속죄이다.

성경은 여러 가지 속죄 이론들을 서로 대립시키지 않는다. 예수님의 희생을 마치 다면체 다이아몬드처럼 제시한다. 예수님이 십자가에서 성취하신 일은 너무나 막대하며 하나님의 마음을 들여다보는 창문은 너무나 크기 때문에, 어느 한 가지의 설명이나 묘사로는 속죄에 관한 전체 이야기를 전할 수 없다. 우리를 위해 하

---

6) Martin Luther, *The Cross of Christ* (Downers Grove, Ill.: InterVarsity, 1986), 216에서 존 스토트가 인용.

나님이 행하신 일의 핵심이 속죄이기 때문에, 그 속에 담긴 은혜는 아무리 찾아내어도 충분하지 않을 정도로 풍성하다. 그러나 예수님의 십자가 안에서 제공되는 신학적 보화를 모두 캐낼 수는 없다고 해서 우리가 그 귀한 진리를 묵상하는 일을 멈춰서는 안 된다.

바울은 복음이란 메시아, 즉 왕이신 예수께서 성경대로 우리 죄를 위하여 죽으셨다는 소식이라고 말한다(고전 15:3). 다른 모든 속죄 교리는 이 한 가지 진리와 연결되어 있다. 속죄의 핵심은 예수께서 우리를 대신하여 하나님의 진노를 떠맡으셨다는, 우리 죄에 대한 징벌을 대신 당하셨다는 것이다.

다른 속죄 이론들은 이 진리를 다른 각도에서 비춰본 것이다. 『승리자 그리스도Christus victor』라는 책은 예수께서 '우리를 대신하여' 사탄, 죄, 그리고 죽음과의 싸움에서 승리하셨다고 밝힌다. 속죄설(ransom theory)은 예수께서 우리의 죄 값을 치르셨음을 상거래에 빗대어 설명한다. 총괄갱신설(recapitulation theory)은 그리스도께서 '우리를 대신하여' 아담의 저주를 푸셨다고 한다.

공통적인 맥락이 무엇일까? 대속이다.[7]

'예수께서 성경대로 우리 죄를 대신하여 죽으셨다.' 속죄의 핵심은 예수께서 자신을 우리와 대체시키셨다는 개념이다. 우리의 죄에 대한 징벌을 자신에게 지우셨다. 이 다양한 개념은 예수님의 대속 죽으심을 더 잘 이해하게 하며 대속 진리를 강화시킨다.

---

7) Roger R. Nicole, "Postscript on Penal Substitution", *The Glory of the Atonement* (Charles E. Hill과 Frank A. James III (Downers Grove, Ill: Intervarsity, 2004) 에서.

우리와 함께 하시는 하나님께 인도한다

2008년 11월, 인도에서 가장 큰 도시인 뭄바이가 173명의 희생자를 낸 일련의 테러 공격의 표적이 되었다. 희생자 중 둘은 20대 후반의 유대인 랍비 부부로서 뉴욕 출신이었다. 카슈미르 병사들이 그 랍비의 집을 습격하여 그들 부부를 살해했다. 두 살배기 아들이 피로 흥건한 부모 옆에 앉아 있는 것을 유모가 발견했다.

뉴욕, 브루클린에서 있었던 추도 예배 때, 두 살배기 아이가 죽은 부모를 애타게 불렀다. "이마! 아바!" 하고 히브리어로 엄마, 아빠를 외치며 신음했다. 아이의 울부짖음은 회당을 울렸고, 그 자리에 모인 수백 명의 애도 소리를 압도했다.

죽은 부모를 찾아 울부짖는, 위로할 길 없는 두 살배기 아이. 내 마음속에서 돌연 이런 물음이 생겨났다. '도내체 왜? 왜 하나님은 이런 고통을 허용하실까? 이 세상이 왜 그토록 엉망진창일까?'

이토록 아름다운 세상에 그런 악이 존재한다는 것을 어떻게 이해해야 할까? 강제수용소 철책 뒤편에서 맞는 계절의 변화는 어떤 느낌일까? 아름다운 노을이, 불타는 시신더미에서 피어오르는 연기의 배경막 역할을 할 때, 어떻게 대량학살의 희생자가 그 노을에 감탄하겠는가? 불가지론자인 한 친구는 자신이 이 세상에서 목격해온 고통을 도무지 이해할 수 없다고 말한다. "그런 고통을 허용하는 하나님에 대해 너는 뭐라고 말할 것인가?" 하고 묻는다.

> 하나님이 우리의 고난과 고통으로부터 떠나 계시지 않음을 우리가 아는 것은, 바로 십자가 때문이다.

기독교는 그 물음에 대답하지 않는다. 하나님은 지적인 딜레마에 대한 답변을 제시하지 않는다. 그러나 그 문제에 대한 해결책을 알려주신다. 예수님을 따르는 자들은 십자가를 바라본다. 거기서, 예수님 자신의 고통과 슬픔 속에서, 우리는 우리와 함께 하시는 하나님을 보며, 그가 우리의 짐을 대신 지시고 우리를 절망에서 구원하실 수 있음을 믿는다. 그는 우리의 고통으로부터 멀리 떨어져 계시지 않는다. 성육신한 하나님이신 예수 그리스도께서 친히 고난을 당하셨기 때문에 우리의 고통을 이해하신다.

위의 두 살배기의 부르짖음은 한때 예수님의 부르짖음이기도 했다. 그는 겟세마네 동산에서 이렇게 부르짖으셨다. "내 아버지여 만일 할 만하시거든 이 잔을 내게서 지나가게 하옵소서 그러나 나의 원대로 마시옵고 아버지의 원대로 하옵소서"(마 26:39).

하나님이 우리의 고난과 고통으로부터 떠나 계시지 않음을 우리가 아는 것은 바로 십자가 때문이다. 십자가 때문에, 우리는 죄 사함과 하나님과의 화해를 경험할 수 있다. 이 세상의 죄악과 고통을 목격할 때, 우리도 "아바! 아바!" 하고 부르짖는다. 하나님은 우리에게 설명하시지 않는다. 친히 우리와 함께 하신다. 십자가는 우리의 부르짖음에 대한 하나님의 대답이다.

우리를 대신하시는 하나님을 알게 한다

십자가는 죽음과 고난으로 기꺼이 우리와 함께 하시는 하나님의 마음을 엿보게 한다. 그러나 우리의 고통을 아시는 하나님, 그 이상의 하나님을 우리는 필요로 한다. 이 세상의 고통에 일조하는 우리에게는 자비가 필요하다. 예수님의 죽음은 우리와 함께 하시는 하나님만 알게 하는 것이 아니다. 기꺼이 우리를 대신하시는 하나님에 대해서도 알게 한다.

예수 그리스도는 우리를 '대신하여' 죽으신다. 우리의 죄로 인한 고난에 동참하신다. 또한 우리의 슬픔 속으로 들어오셔서 그것을 자신의 슬픔으로 삼으신다. 우리의 죄와 그 결과를 자신에게 지워서 우리를 자유롭게 하신다. 우리를 구원하기 위해 하나님의 진노를 철저히 당하신다. 공의를 요청하시는 하나님의 요구와 자비를 구하는 우리의 바람을 만족시킬 수 있는 것은 십자가뿐이다.

에덴동산의 첫 사람들을 생각해보라. 처음에는 하나님과의 그리고 서로 간의 친교 관계를 잘 유지한다. 그러나 하나님의 뜻을 행하도록 부르심을 받을 때 불순종한다. 아담은 '주여, 주의 뜻대로가 아니라 제 뜻대로 하겠습니다!' 라고 결심하고 선악과를 향해 걸어간다.

수천 년 후에, 또 다른 동산이 우리 앞에 있다. 겟세마네이다. 둘째 아담이 하나님의 뜻을 놓고 고뇌하신다. 죄악 된 인생들을 구원하기 위해 마셔야 하는 잔, 하나님의 진노의 잔 앞에서 진저리를 치신다. 마침내 '주여, 내 뜻대로 마옵시고 주의 뜻대로 하소서!' 하고 결심하신다.

아담의 죄의 본질은 하나님의 자리에 자신을 두었다는 것이다. 예수님의 순종의 본질은 우리의 자리에 자신을 두셨다는 것이다. 우리를 대신하신 그분의 삶과 죽음 덕분에, 우리는 죄에서 해방된다.

1세기에 로마인들이 십자가형을 집행할 때, 죄수의 죄패를 십자가에 붙여두는 것이 관례였다. 그 죄패는 죄수가 왜 십자가에 달렸는지를 알려주었다. 예수님이 십자가에 달리셨을 때, 하나님은 우리를 향한 사탄의 모든 고발 사항을 적은 죄패를 그 십자가에 붙이셨다. 그래서 예수 그리스도는 우리의 모든 죄를

십자가에서, 하나님은 당신의 완벽한 공의와 크신 자비를 보여주셨다.

지고 갈보리 십자가에 달리셨다.

십자가에서, 하나님은 당신의 완벽한 공의와 크신 자비를 보여주셨다. 죄에 대한 진노를 당신의 독생자에게 쏟아부음으로써 공의를 실행하셨다. 그 진노를 스스로 감당하여 우리로 하여금 심판을 피하게 하심으로써 자비를 보여주셨다.

예수께서 두려움에 사로잡혀 "나의 하나님, 나의 하나님, 어찌하여 나를 버리셨나이까?" 하고 부르짖으신 까닭에, 우리는 놀라워하며 "나의 하나님, 나의 하나님, 어찌하여 나를 받아주셨나이까?"라고 부르짖을 수 있다. 예수께서 "아버지여, 용서하소서!" 하고 부르짖으셨기 때문에, 십자가에 달리신 예수께 퍼붓는 우리의 조롱이 그 관대하신 자비에 대한 찬양으로 바뀐다.

예수께서 "내가 목마르다."라고 말씀하셨기 때문에, 우리는 결코 목마르지 않게 하는 생수의 샘물을 마실 수 있다.

예수께서 "여자여, 보소서, 아들이니이다."라고 하시며 혈육의 가족과 이별하는 고통을 당하셨기 때문에, 우리는 천상의 가족과 결합하는 축복을 경험할 수 있다.

예수께서 자신의 영혼을 아버지의 손에 맡기셨기 때문에, 하나님은 당신의 성령을 우리 심령에 보내신다.

예수님은 유월절 양이시다. 하나님의 진노로부터 우리를 지키는 대속 제물이시다. 하나님의 영광을 위해, 우리의 구원을 위해, 하나님의 저주와 죄에 대한 징벌 그리고 지옥의 고통을 대신 당하셨다.

우리를 살리시기 위해 죽으셨다

1세기의 그 중요한 날에 예수님의 십자가 근처에 있던 자들은 그를 자칭 메시아 중 하나로 생각했을 것이다. 비참한 실패였다. 로마 제국주의의 표적이 된 또 다른 지도자였다. 사탄은 십자가에 달리신 예수님을 보고서 승리를 확신했다. 예수님은 수치스러워 보이셨다. 벌거벗긴 채 피 흘리면서, 수치와 조롱과 멸시를 당하며 거기 계셨다. 그가 숨을 거두셨을 때, 모두들 그가 패배했다고 생각했다.

하지만 사실은……사탄이 패배하고 있었다. 그렇다. 예수님은 패배하는 것처럼 보이셨다. 그러나 십자가상의 순종의 죽음을 통해, 사탄과 모든 지옥 세력들을 물리치셨다. 사탄은 자신의 파멸을 재촉하고 있었다. 예수님을 십자가에 못 박는 것은 악의 세력의 자살 행위였다. 존 스토트는 이렇게 말한다.

> 악에 의한 선의 패배로 보인 것이 사실은 선에 의한 악의 패배였다. 거기서 패배했던 그가 사실은 승리하고 계셨다. 무자비한 로마 세력에 의해 부서졌던 그가 사실은 뱀의 머리를 부수고 계셨다. 희생자가 승리자이셨고, 지금도 그는 십자가를 보좌로 삼아 세상을 다스리신다.[8]

여기에 역설이 있다. 인생의 고난과 수치 가운데서, 예수님의 고뇌 가운데서, 우리는 하나님의 이상하고도 놀라운 계획을 본다. 이를 통해 세상이 변할 것이다. 이를 통해 세상이 다시 정비될 것이다. 이 명백한 패

---

8) John R. W. Stott, *The Cross of Christ* (Downers Grove, Ill.: InterVarsity, 1986), 224.

배를 통해, 하나님이 가장 큰 승리를 거두실 것이다. 뱀의 머리가 구주의 발꿈치에 의해 부서졌다.

예수님의 부활

예수 그리스도의 부활을 결코 언급하지 않고서 '복음 설교'와 '복음 설명'을 하는 이들이 있다. 복음주의자들은 십자가가 중요함을 알고 있다. 그러나 종종 우리는 왜 그것이 그토록 중요한지 의아해하며 머리를 긁적인다. 부활절 때마다 목사들은 부활에 대해 어떻게 설교할지를 고민한다. '새 삶으로 다시 일어서기'나 '두 번째 기회를 붙들기' 같은 모호한 개념은 부활절 메시지를 영적으로 이해한 것이다.

목사들만 그런 것이 아니다. C. S. 루이스의 『순전한 기독교*Mere Christianity*』라는 책은 부활에 대해 전혀 언급하지 않는다. 릭 워렌의 『목적이 이끄는 삶*The Purpose Driven Life*』도 마찬가지다. 서두 부분에서 릭은 예수님의 속죄의 희생을 믿도록 독려하면서도 빈 무덤을 언급하지 않는다. 분명히 루이스처럼 워렌도 부활을 믿는다. 부활에 대해 언급하지 않는 것이 복음주의자들에게서 흔한 일일 뿐이다.

성경은 거친 십자가와 빈 무덤을 함께 연결시킨다. 부활이 중요한 것은 예수님의 죽음이 중요하기 때문이다. 예수님의 죽음이 중요한 것은 그의 부활 때문이다. 이 평형 상태에서 하나를 제거하는 것은 복음을 토막내는 일이다.

N. T. 라이트는 부활절 아침의 중요성을 강조한다. "나사렛 예수의 부활이 복음의 핵심이다. 부활은 십자가를 배제하는 것이 아니라 그것에

의미를 부여하는 사건이다. 그것은 믿음의 목표, 칭의의 근거, 순종하는 그리스도인의 삶의 기반, 연합의 동기, 그리고 특히 악의 영들에 대한 승리 선포다."9)

예수님의 대속 희생에 대한 증거이다

예수님의 부활로 인해 성취된 일은 이러하다: 첫째, 예수님의 부활은 하나님이 예수님의 의로우심을 입증해주신 것이다. 달리 말해서, 예수께서 무죄하심을 그리고 하나님의 메시아—왕으로서의 사명을 신실하게 완수하셨음을 세상에 보여주기 위해, 하나님은 예수님을 다시 살리셨다. 부활은 예수님의 희생이 '흡족했음'을 보여주는 하나님의 표현 방식이었다. 우리의 죄값이 온전히 치러졌다. 에이드리언 워녹은 이렇게 말한다.

> 예수님의 의의 채권은 우리 죄의 채무보다 훨씬 더 크다. 그의 계좌에는 우리의 죄로 인한 마이너스 금액보다 예금 잔액이 더 많다. 빚은 청산되었고, 하나님 아버지는 당신의 아들이자 의인이신 예수님을 다시 살리셨다. 예수님은 하나님의 진노를 돌이키고 죄를 멸하셨다. 우리의 죄가 제거되었고 우리는 의로운 존재로 간주될 수 있다. 십자가가 우리의 죄 값을 지불하신 사건이라면, 부활은 그 지불 사실을 인정하시는 표시였다.10)

---

9) N. T. Wright, *The Resurrection of the Son of God* (Minneapolis: Augsburg Fortress, 2003), 266.
10) Adrian Warnock, *Raised with Christ* (Wheaton, Ill.: Crossway, 2010), 124.

새 창조의 시작을 알려준다

복음서 기자들은 부활절 아침에 하나님의 새 세계가(우리에게 약속하신 회복된 우주가) 현재 속으로 밀려들었음을 알려준다. 예수님에 의해 다시 살아난 나사로나 다른 사람들은 나중에 죽었지만, 예수님은 그렇지 않으셨다. 그는 전혀 새로운 생명으로 다시 살아나셨다. 우리의 현재 모습과 유사하지만 다른 종류의 신비한 생명이다. N. T. 라이트는 이렇게 설명한다. "예수님의 부활은……옛 세계에 속한 터무니없는 사건이 아니라 새 세계의 상징과 출발점이다. 기독교의 메시지는 그토록 엄청나다. 나사렛 예수께서 시작하신 것은 단지 새로운 종교적 가능성이나 새로운 윤리 또는 새로운 구원 방법이 아니라 새 창조이다."[11]

유대인들은 모든 신자가 마지막 날에 살아날 거라고 기대했다. 하지만 예수님은 미래의 부활의 첫 열매이시다. 그의 부활은, 옛 세계가 아직 지속되고 있는 상태에서, 하나님의 새 세계의 시작이다.

성경의 서두에는 에덴동산이 나온다. 거기서 하나님은 아담에게 생명을 불어넣으셨고 세상을 다스리는 임무를 주셨다. 예수님이 어디서 다시 살아나셨는가? 동산 내의 무덤에서였다. G. K. 체스터턴의 묘사가 인상적이다.

> 제3일의 새벽에 그곳을 찾아간 그리스도의 친구들은 무덤이 비고 바위가 굴려져 있는 것을 발견했다. 놀라운 이적이 일어났음을 그들은 다양한 방식으로 깨달았다. 하지만 그들이 거의 깨닫지 못한 것은 밤새 세상이 죽었다는 사실이다. 그들의 눈앞에 보이는 것은 새

---

11) N. T. Wright, *Surprised By Hope*(New York: HarperCollins, 2008), 67.

하늘과 새 땅을 포함한 새 창조의 첫 날이었다. 그리고 마치 동산지기처럼 하나님이, 서늘한 저녁이 아니라 서늘한 새벽에, 동산을 다시 거니셨다.[12]

죽음을 멸하셨음을 선포한다

동방정교회 부활절 찬양은 무덤을 정복하신 예수님을 노래한다. "예수께서 죽은 자로부터 살아나셨네. 사망으로 사망을 짓밟고 무덤에 있는 자들에게 생명을 주시네!"

예수님의 부활은 우리의 큰 원수인 사망을 물리치는 승리다. 죄의 결과는 사망이며, 예수님의 의는 새 생명을 가져다준다.

신약학자인 조지 래드는 죽음을 정복하는 복음이 우리에게 필요함을 설명한 적이 있다.

이 복음이 사람들에게 얼마나 절실히 필요한가! 어디로 가나 죽은 자를 삼키는 무덤이 있다. 모두의 얼굴에는 상실과 이별의 눈물 자국이 있다. 모든 식탁에는 조만간 빈 의자가 생긴다. 모든 난롯가에는 빈자리가 생긴다. 죽음은 가장 평등한 것이다. 부자나 가난한 자나, 유명한 사람이나 하찮은 사람이나, 권세자나 힘없는 자나, 성공자나 실패자나, 인종과 신조와 문화의 차이에 상관없이, 모든 사람이 거역할 수 없는 죽음의 낫질 앞에서는 아무런 차별이 없다. 또한 무덤이 엄청난 규모의 타지마할이든, 거대한 피라미드든, 덥수룩한 풀에 덮인 초라한 곳이든, 또는 깊이를 알 수 없는 바다 밑이든, 한

---

12) G. K. Chesterton, *The Everlasting Man* (Redford, Va.: Wilder, 2008), 192.

가지 사실은 분명하다: 모든 사람이 사망의 통치 아래에 있다는 것이다.

천국 복음이 없다면, 사망은 우리 모두를 무기력하게 만드는 강력한 정복자이다. ……하지만 좋은 소식이 있다: 사망이 정복되었다. 우리를 정복했던 자가 정복되었다. 예수님 안에 있는 하나님 나라의 능력 앞에서, 사망은 무기력했다. 사망은 예수님을 붙들 수 없었다. 그가 불사의 생명으로 살아나셨다. 예루살렘의 빈 무덤이 그 증거이다. 이것이 바로 천국 복음이다.[13]

예수님의 승귀

복음 선포의 한 가지 측면을 더 언급할 필요가 있다: 예수 그리스도는 주님이시다. 복음이 예수님의 주되심에 관한 내용인 것만은 아니지만, 그분의 주되심을 배제하는 것 또한 성경적이지 않다. 예수님은 온 세상의 왕으로 높아지셨다. 오순절에 베드로가 그토록 강력히 설교했듯이, "너희가 십자가에 못 박은 이 예수를 하나님이 주와 그리스도가 되게" (행 2:36) 하셨다.

예수님을 이런 식으로 높이는 말들은 초기 그리스도인들 사이에 논쟁을 유발했다. 한편으로, 예수님이 주님이시라는 주장은 많은 유대인의 귀에 거슬렸다. 그리스도인들은 하나님께만 해당하는 칭호로 예수님을 지칭했다. 초기의 그리스도인들은 예수께서 단순한 선지자나 메시아가

---

[13] G. E. Ladd, *The Gospel of the Kingdom* (Grand Rapids: Eerdmans, 1959), 128.

아니라 인간의 몸으로 오신 하나님이라고 주장함으로써 회당에서 쫓겨났다.

그런가 하면, 예수께서 주님이시라는 주장은 로마인들의 귀에도 거슬렸다. 그들에게는 가이사가 주님이었다. 가이사의 칭호를 예수께 적용하는 것은 가이사보다 예수께 더 충성함을 뜻했다. '가이사의 복음'은 그의 왕좌에 관한 것이었다. 그리스도인들은 '예수님의 복음'으로 가이사의 복음을 대체했다. 십자가에서 죽었다가 다시 사신 예수님을 온 세상의 진정한 구주로 믿었다.[14]

복음 선포: 예수께서 우리 죄로 인해 죽으셨고…사흘 만에 다시 사셨으며, 지금은 온 세계의 주님이시다.

마르틴 루터는 기본적인 복음 메시지를 이렇게 요약했다. "복음은 죽었다가 살아나셨고 주님으로 계시는, 하나님의 아들이자 다윗의 후손이신 그리스도에 관한 이야기이다. 이것이 간단하게 요약한 복음이다."[15] 이것이 복음 선포다. 예수께서 성경대로 우리 죄 때문에 죽으셨다가 사흘 만에 살아나셨고 지금 온 세상의 구주로 계신다.

두 가지 반응

이 위대한 소식은 반응을 요구한다. 토네이도 경보가 울리고 지하실이 안전하다는 것을 우리가 알 때, 우리는 재빨리 지하실로 달려가든지 아

---

14) *Holy Subversion*(Wheaton, Ill.: Crossway, 2010)에서 나는 가이사의 주권 전복에 대한 실제적 암시에 관해 언급했다.
15) *Martin Luther's Basic Theological Writings*, Timothy Lull과 William R. Russell 편저(Minneapolis: Fortress Press), 94.

니면 아무런 위험이 없는 것처럼 행동할 수 있다. 곧 아기가 태어나려 한다는 것을 아내와 내가 알았을 때, 우리는 서둘러 병원으로 가거나 아니면 그 신호를 무시하고 마냥 기다리기만 할 수도 있었다. 선포는 반응을 요구한다. 그리스도의 죽음과 부활에 관한 복음 선포가 사실이라면, 그것은 모든 것을 변화시킨다.

성경은 예수 그리스도의 복음 선포에 대한 우리의 반응을 두 단어로 요약한다: 회개와 믿음.

회개

종종 회개는 단순한 종교적인 감정 표현을 뜻하는 말로 이해된다. 우리는 회개를 자신의 죄를 후회하는 감정으로 생각하는 경향이 있다. 물론, 후회하는 감정이 회개의 일부이긴 하지만 성경적인 회개 전부를 뜻하는 것은 아니다. 내 아들이 무슨 잘못을 저지르다가 발각되면 후회한다. 하지만 결과를 생각하면서 후회하는 것과 죄를 지은 것 자체를 후회하는 것 간에는 차이가 있다.

참된 회개는 죄로 인해 자신이나 가족이나 친구 또는 주변 세계에 미친 손상을 애석해하는 마음에 그치지 않는다. 참된 회개는 수직적인 차원에서 시작된다. 우리는 자신의 죄로 인해 하나님의 마음이 상하는 것을 애석해한다. 우리는 하나님의 율법을 어긴다. 하나님의 자리를 자신이 가로챈다. 참된 회개는 죄를 직시한다. 하나님께 우리의 죄를 시인하고 용서를 구할 때, 우리는 죄에서 돌이켜 반대 방향으로 나아간다. 단순히 죄와 그것으로 인한 해악을 뉘우치는 데서 그치지 않는다. 우리는 죄에 대항하여 싸운다. 성경에 따라 살려고 노력한다.

우리의 회개 표현은 즉각적이며 평생에 걸친 것이다. 먼저 하나님 앞에서 회개할 때 우리가 해를 끼친 사람들에게 용서를 구하게 된다. 이것은 수평적인 차원이다.

죄에서 돌이키는 것은 즉각적이지만, 회개는 하나님 나라에서 새로워져 더 이상 죄를 짓지 않을 때까지 일평생 계속된다. 그리스도인과 불신자의 차이는, 전자가 완벽한 반면에 후자는 여전히 죄를 짓는다는 것이 아니다. 그리스도인은 죄를 슬퍼하고 그리스도 안에서 용서를 받으며 성령의 능력으로 죄를 대항한다는 것이 차이점이다. 우리는 개인적인 계획보다 하나님 나라를 먼저 추구한다.

믿음

많은 팝송이 '믿음'이라는 덕목을 노래한다. 가수와 영화 스타 그리고 TV 명사들은 하나님이든, 권력이든, 또는 자기 자신이든, 무언가를 믿는다는 개념을 칭송한다. 하지만 '믿음'에 관한 이런 얘기들은 대부분 '신념'에 대한 믿음일 뿐이다. 그 믿음의 객관적인 내용이 없다.

이 믿음은 실제적으로 어떤 것일까? 사람들은 믿음 자체가 중요하지 하나님에 관해 무엇을 믿는지는 중요하지 않다고 생각할 수 있다. 중요한 것은 믿음이며 신학이 아니다. 핵심은 무엇을 믿는가가 아니라 믿는다는 사실 자체이다.

그러나 우리가 믿는 것이 우리를 궁지로 몰아넣는다면, 또 우리 믿음의 대상이 믿을 만한 가치가 없는 것이라면 어떻게 될까?

조종 경험이 없는 사람이 조종하는 비행기를 타고 있다고 생각해보라. 그 비행기는 제대로 움직이지 않을 것이다. 비행기가 공중에서 곤두박

질하는데도 당신은 계속 그 조종사   참된 믿음은 믿음의 대상인
를 믿는다. 당신은 눈을 감고서, '내   그분 때문에 능력이 있다.
게 믿음이 있다는 것이 중요해. 나는 믿는다! 나는 믿는다!'라고 생각한
다. 불행하게도 그 조종사를 아무리 철저히 믿더라도, 그가 믿을 만하지
않은 사람이라면, 비행기는 추락하고 말 것이다. 중요한 것은 바로 그 조
종사이다.

  마찬가지로, 기독교 신앙은 일반적인 것이 아니다. 무엇인가를 믿는다
는 사실 자체가 중요한 것이 아니다. 믿음의 대상이 우리를 실제로 구원
하실 수 있는가가 중요하다. 참된 믿음은 우리의 믿음 자체 때문이 아니
라 믿음의 대상인 그분 때문에 능력이 있다.

  하나님에 관한 몇몇 성경 교리를 인정하며 고개를 끄덕이는 것이 중요
하다는 말이 아니다. 마귀들도 그런 믿음을 지니고 있다. 참된 믿음은 성
의와 진실한 헌신을 포함한다. 구원에 이르게 하는 믿음은 기독교 복음
의 객관적인 내용(예수 그리스도의 삶과 죽음과 부활)과 참된 마음의 변화를 수
반하는 주관적인 감정(신뢰와 성의)을 포함한다. 이들 중 하나만 내세우는
것은 위조품이다.

세상을 변화시킨 소식

  우리가 예수님의 죽음과 부활에 관한 좋은 소식을 들을 때, 성령이 우
리 마음속에 회개를 일으키고 믿음을 갖게 하신다. 자신의 한계를 절감
하며 자신의 구원을 위해 아무 것도 할 수 없음을 깨닫는다. 그래서 오직
예수님만을 믿는다. 이 교리를 '이신칭의'라 부른다. 하나님이 우리를

의롭다고 선포하신다. 이는 우리의 무슨 행위 때문이 아니라 우리를 대신하여 의로운 존재로 하나님 앞에 서시는 예수 그리스도와 우리가 연합되기 때문이다.

선포는 상황을 변화시킨다.

"당신은 해고요!"

"이제 남편과 아내로 선포합니다."

"우승자는……"

"아들입니다!"

예수 그리스도의 복음 선포는 강력하다. 이 소식이 세상을 변화시켜 왔다. 우리가 이 복음을 선포할 때 사람들이 변화된다.

 | 이 장과 관련된 성경 말씀 |

거듭남
요한복음 3:1-21, 16:16-24; 베드로전서 1:3-25
복음 선포
이사야 52:7; 마가복음 1:14, 15; 고린도전서 15:1-6; 로마서 1:1-4; 디모데후서 2:8
복음의 능력에 대한 증인
요한복음 4:1-42, 9장; 사도행전 22:1-21, 26장
천국 도래를 입증하신 예수님
마가복음 1:14, 15, 29-34, 4:35-41, 6:30-44; 요한복음 11:1-44

그리스도의 의

로마서 5:12-21; 고린도후서 5:16-21

속죄

로마서 3:25; 고린도후서 5:19; 갈라디아서 1:4, 3:13; 에베소서 2:13; 골로새서 2:14, 15; 히브리서 2:14-18; 베드로전서 2:24, 3:18; 요한일서 3:8, 4:10

부활의 중요성

시편 49:7-15; 마태복음 28장; 마가복음 16장; 누가복음 24장; 요한복음 20, 21장; 사도행전 17:18; 로마서 4:24, 25, 10:9; 고린도전서 15장; 베드로전서 1:3, 3:21

예수님의 승귀

사도행전 1장, 2:14-41; 로마서 10:9; 빌립보서 2:1-11; 골로새서 1:15-23; 디모데전서 3:16

회개와 믿음

마태복음 3:2; 마가복음 1:15; 누가복음 5:32; 요한복음 3:16-18, 6:35, 7:38, 14:1; 사도행전 2:38, 16:31, 20:17-21, 26:19-23; 로마서 1:16, 5:1; 고린도후서 7:10; 에베소서 1:13; 베드로후서 3:9

복음을 잔소리로 여기는 자에게 남는 것은 절망뿐이다.
_ C. 피츠시몬스 앨리슨

CHAPTER
5
도덕주의 복음

일그러진
복음

최근에 바이블 벨트의 중심에서 아름다운 유타 주로 이주한 친구가 있다. 솔트레이크시티에서 멀지 않은 큰 마을이었다. 그 친구는 미국에서 가장 순박한 지역 중 하나에서 복음을 전하고 교회를 섬기라는 하나님의 소명에 순종했다. 다른 곳에서는 경기가 후퇴하고 있지만, 이 지역은 경제적 붐이 일고 있다. 사람들이 대체로 유쾌하고 정직하다. 아이들은 공손하다. 알코올 중독자들도 거의 없다. 큰 도시지만 범죄율은 놀라울 만큼 낮다. 이곳 주민들은 대부분 매주 예배에 참석한다. 그래서 대부분의 업체는 주일에 문을 닫는다. 가정 친화적인 환경을 원하는 사람이라면 누구나 이곳에서 살고 싶을 것이다.

하지만 이곳은 미국에서 가장 암담한 지역 중 하나이다. 곳곳에 산재한 몰몬교 성전에서는 참 그리스도를 전하지 않는다. 그 문화는 전통적인 도덕에 기초한 것이지만 그리스도는 빠져 있다. 내 친구는 거기서 목음을 전하는 힘든 사역을 감당하고 있다. 그의 사역 대상은 구주를 간절히 원하는 사람들이 아니라 도덕적으로 올바른 행동을 신앙의 목표로 삼는 자들이다.

도덕주의 복음의 여러 유형

어릴 적 나는, '빠진 그림'을 찾는 색칠 그림책 뒤지기를 즐겼다. 그 그림에 꼭 들어 있어야 할 빠진 것을 찾아내는 놀이였다. 빠진 그림을 찾아 샅샅이 뒤지는 일은 너무 재미있었다.

교회도 때로는 '빠진 그림' 찾기와 비슷하다는 생각이 든다. 우리 주변에도 종교적인 속임수들이 많다. 우리는 전통적인 도덕을 기초로 삼고서, 삶의 변화를 도모한다고 말한다. 몰몬교나 여호와의 증인이 성경적인 그리스도를 배제하고 있다며 경멸한다. 그러나 하나님에 관한 우리의 대화 역시 영적으로 애매할 수 있다. 우리는 그리스도와 그가 하신 일에 초점을 맞추는가? 교회에 상존하는 위험은 우리 각자에게도 해당한다. 복음으로부터 도덕주의로 돌이키는 위험이다.

도덕주의란 무엇이며 그것이 우리의 삶에 어떤 영향을 미칠까? 이 물음에 대해 다음 몇 가지 측면에서 살펴보기로 하자.

하나님이 누구신지를 정의하지 않은 채 그분과의 관계를 모색한다

어릴 적부터 나는 교회에서 열리는 '부흥회'에 참석하곤 했다. 순회 복음 전도자를 초청하여 일주일 동안 마라톤 설교를 듣는 집회이다. 빌리 그레이엄 전도대회의 패턴을 따라, 이 예배들은 복음 전도에 초점을 맞춘다. 불신자인 친구와 이웃을 초청하여 복음을 듣게 하도록 교인들을 독려한다.

내 기억에 남아 있는 몇몇 부흥회들에서, 설교자는 예수님의 자비에 매달릴 것을 호소했다. 그런가 하면, '하나님과 올바른 관계'를 맺도록 촉구하는 설교자들도 있었다. 하지만 그들은 예수님이 누구신지 그리고 그가 무슨 일을 행하셨는지를 제대로 설명하지 않았다.

한번은 여름성경학교를 도운 적이 있다. 마지막 날 밤에 복음 증거로 마무리하기 위해 특별 강사가 왔다. 그의 메시지는 이런 식이었다. "우리 모두는 잘못을 범했습니다. 그러나 예수님이 여러분을 용서하길 원하신다는 것을 믿으면 여러분은 구원받을 수 있습니다." 십자가나 부활에 대한 언급은 없었다. 우리가 어떤 상태로부터 구원받아야 하는지에 대한 언급도 없었다.

나는 이런 생각이 들었다. '저 복음 증거가 몰몬교의 주장과 다른 점이 무엇일까?' 다행히도, 몇몇 교사가 문제점을 알아채고 나중에 아이들에게 부족한 부분을 보충했다.

분명 우리는 예수님을 믿도록 사람들을 독려할 필요가 있다. 회개와 믿음을 간곡히 당부하는 것은 중요한 일이다. 하지만 결단을 요청할 때, 예수께로 나아가야 하는 이유가 무엇인지를 알려주는 일을 잊지 말자. 그렇게 하지 않으면, 예수님 안에서 알아야 하는 하나님을 제대로 가르쳐줄 수가 없다. 우리를 의롭다 하시는 하나님이 곧 우리를 성결케 하시는 하나님이심을 가르칠 수가 없다. 그래서 결국, 하나님이 그들의 허물을 깨끗이 씻어주시겠지만 삶의 변화를 위해 돌이키는 것은 그들의 몫이라는 생각을 남겨주게 된다.

좋은 소식 대신 좋은 조언을 선포한다

복음에서 도덕주의적 위조품으로 서서히 이동하는 또 다른 방식이 있다. 그것은 기독교를 선한 사람이 되게 하는 것으로 이해하는 방식이다. 그리스도 안에서 하나님이 우리를 위해 행하신 일이 강조되어야 한다. 하지만 때로 우리는 '선한 그리스도인'이 되기 위해 해야 하는 일이나 규칙을 강조한다. 도덕을 기독교의 본질로 이해할 때, 우리는 좋은 소식을 좋은 조언으로 변화시킨다. 어떻게 살 것인지에 관한 좋은 조언을 제시하는 것은 쉬운 일이다. 뿐만 아니라, 그것은 대중에게 인기 있는 일이다.

복음 전하는 사람이 주의하지 않으면, 사람들은 기독교를 그리스도의 사역을 통해 보여주신 그분의 선하심에 관한 것이 아니라 우리의 선함과 선행에 관한 것으로 생각할 수 있다. 우리는 십자가에 달렸다가 다시 살아나신 예수님에 관한 격정적인 소식을 보다 부드럽고 입맛에 맞는 메시지와 뒤섞는다. 그것은 우리의 노력에 따라 우리의 삶이 개선될 수 있다는 메시지이다. 그 메시지는 가정생활 향상, 재정관리, 더 나은 결혼생활에 초점을 맞춘 것일 수 있다. 혹은 자존감을 향상시키는 법, 장수하는 법, 다른 사람 배려하기 등에 관한 조언일 수도 있다.

좋은 조언을 담은 책은 잘 팔리지만, 복음은 마음을 변화시킨다. 좋은 조언은 인기 있지만, 복음은 강력한 힘이 있다.

은혜로 시작하여 율법으로 돌이킨다

얼마 전, 나는 새로운 운영체제를 갖춘 컴퓨터를 새로 구입했다. 마이크로소프트사는 멋진 경험을 약속했지만, 업데이트 과정이 정말 지긋지

굿했다. 아침에 컴퓨터를 켤 때마다, 하드 드라이버가 정리되는 동안 나는 꼼짝없이 기다려야 했다. 업데이트 로딩……재설치……재부팅. 업데이트는 컴퓨터 상태를 향상시키기 위한 것이었지만, 도리어 계속 나를 실망시켰다.

때로는 우리가 그리스도와 동행하는 과정에서도 이 같은 문제에 직면한다. 처음 믿음을 가질 때, 우리는 복음 안에서 제공되는 하나님의 은혜에 압도당한다. 복음은 우리의 새로운 운영체제이며, 믿음으로 의로워진 후에 영적 결실을 거두는 삶이 뒤따른다.

하지만, 우리는 거듭 율법 중심의 삶으로 되돌아간다. 그런 가르침을 교회에서, 다른 그리스도인들로부터, 또는 대중 복음 전도집회에서 들을 수 있다. 마치 내 컴퓨터의 업데이트처럼 율법이 되돌아온다. 우리는 복음을 운영체제로 삼아 시작했지만 삶을 더 유연하게 만들려면 율법을 업데이트할 필요가 있다고 생각한다.

안타깝게도, 영적 결실이 늦어지고 실망이 쌓여간다. 율법으로 돌아가면 무기력해지고 자신의 헌신과 확신에 대해 의문을 갖는다. 느릿느릿하게 움직이는 컴퓨터에 "도대체 무슨 문제냐?" 하고 소리치고 싶듯이, 영적 진전이 없는 자신의 모습에 우리는 머리털을 잡고 "이건 뭔가 잘못됐어!"라고 말한다.

서서히 그러나 분명히, 그리스도께서 우리를 사랑하여 자신을 내어주셨다는 영광스러운 복음 진리가 그것과는 무관한 업데이트 자료에 밀려난다. 그래서 우리는 이렇게 생각한다. '그래, 복음이 운영체제이지만, 이제 업데이트가 필요해.'

율법은 하나님의 마음을 보여주며 구원의 필요성을 계시해주는 좋은 선물이다. 하지만 율법이 매일 은혜를 보완하는 것은 아니다.

우리는 너무나 자주, '물론 우리가 은혜로 구원받지만……'라고 생각한다. '……지만'이 치명적이다. 이는 은혜 이외의 다른 어떤 것이 삶을 변화시킬 것이라고 생각함을 뜻한다. '……지만' 뒤에 십일조, 이러저러한 절제, 복음 전도 등의 갖가지 선한 행위를 붙일 수 있다.

그러나 삶의 변화를 가능케 하는 것은 '……지만'이 아니라 '따라서 이제는……'이다. '당신은 은혜로 구원받았다. 따라서 이제는 이러저러하게 하나님을 위해 자유롭게 살아간다.' 삶의 변화는 율법의 업데이트에 기초하는 것이 아니라 오직 복음에 기초한다.

율법이 연료라면, 그리스도인의 삶은 결코 올바른 길로 달리지 않을 것이다. 복음만을 엔진으로 삼아야 한다. 우리의 모든 선한 일들이 줄곧 재부팅되는 업데이트 시스템을 통한 것이어서는 안 된다. 순수한 감사에서 비롯된 것이어야 한다.

복음 선포를 영적으로 해석한다

복음에서 도덕주의로 돌이키는 또 다른 방식은 좋은 소식을 영적으로 해석하는 것이다. 예수님의 삶과 죽음과 부활의 역사에 초점을 맞추는 대신, 우리는 기독교 이야기를 자조(self-help)의 메시지로 사용할 수 있다. 예를 들어, 예수님의 부활에 관한 메시지를 이런 식으로 이해한다. "예수님이 살아나셨다! 그러므로 이제 우리도 일어설 힘이 있음을 깨달아야 한다. 새 출발을 할 기회가 여기 있다." 무덤에서 다시 살아나신 이에 관한, 세상을 변화시킬 만한 놀라운 메시지를 자조라고 하는 영적인 의미로 바꾼다.

우리 모두가 이런 방향으로 나아가는 경향이 있다. 주의하지 않으면 누구나 영적 해석에 쉽게 빠져들 수 있다. 마크 갈리는 이와 관련하여 도전받았던 재미있는 이야기를 전해준다.

내가 시무했던 새크라멘토 교회에 한 무리의 라오스 난민이 출석했다. 어느 주일 예배 후에 그들이 내게 와서 교인으로 등록시켜줄 것을 부탁했다. 그들은 불과 몇 달 전부터 교회에 참석해왔고 우리 교회는 그들을 후원했다. 그들의 기독교 신앙 이해는 초보 수준이었다. 그래서 나는 몇 주 동안 마가복음을 함께 공부할 것을 제안했다. 그리스도와 그분의 교회를 위한 헌신이 무엇인지를 알려주기 위해서였다. 그들은 기꺼이 동의했다.
그 라오스인들의 기독교 지식이 빈약했음에도 불구하고, 아니 빈약했기 때문에 그 성경공부는 매우 재미있었다. 예수께서 폭풍을 잠잠케 하신 내용을 읽은 후에, 나는 여느 그룹을 인도할 때와 같이 시작했다. 그들의 삶에서 만나는 폭풍우에 대해 그들에게 물었다. 라오스 친구들이 어리둥절한 표정을 지었다. 그래서 내가 이렇게 설명했다. "우리 모두 폭풍우를 만납니다. 여러 가지 문제, 염려, 곤경, 또는 위기의 폭풍우죠. 이 이야기는 예수께서 그 폭풍 속에서도 우리에게 평안을 주실 수 있음을 가르칩니다. 여러분의 폭풍우는 무엇입니까?"
잠시 침묵이 흘렀다. 마침내, 한 사람이 머뭇거리면서 물었다. "예수님이 정말 풍랑 이는 바다에서 바람을 잠잠케 하셨다는 말인가요?"
나는 그가 그 이야기를 믿기 힘들어한다고 생각했다. 그리고 이적 문제로 그의 마음을 혼란스럽게 하고 싶지 않았다. 그래서 이렇게 대답했다. "그래요. 하지만 우리가 그 이적의 세부 내용에 매달릴 필요는 없어요. 우리는 예수님이 우리의 삶의 폭풍을 잠잠케 하실 수 있음을 기억해야 해요."

또 한 차례의 어색한 침묵이 지난 후에 누군가가 말했다. "예수님이 바람과 풍랑을 잠잠케 하셨다면 매우 강한 분이심에 틀림없어요!" 그러자 그들 모두가 흥분한 표정으로 서로 고개를 끄덕이며 라오스어로 얘기했다. 나를 제외하고, 그 방은 놀라움과 외경심으로 가득했다.

갑자기 나는 그들이 그 이야기를 나보다 더 잘 이해했음을 깨달았다. 그래서 마침내 이렇게 말했다. "그래요. 예수님은 매우 강하신 분입니다. 사실, 그리스도인들은 그가 천지의 창조주시라고 믿죠. 그러니 그가 바람과 풍랑을 제어할 능력을 지니신 건 당연합니다."[1]

갈리의 이야기는 충격적인 복음 선포를 자조(self-help)의 의미 정도로 이해할 때 외경심과 놀라움을 잃게 됨을 보여준다. 인간 역사에 그토록 강력하게 개입하시는 하나님께 대한 외경심을 잃는다. 그리고 하나님의 은혜에 대한 놀라움도 잃는다.

도덕주의 복음이 매력적인 이유

본서에 언급된 다른 가짜 복음들처럼, 도덕주의 복음도 나름대로 매력

---

1) Mark Galli, *Jesus Mean and Wild* (Grand Rapids: Baker, 2006), 112.

도덕주의 복음의 핵심		
이야기	선포	공동체
우리의 죄악 된 상태는 우리가 범하는 개개의 죄들로 인한 것이다. 하나님의 도우심으로 의지력을 행사함으로써 구원이 임한다.	좋은 소식이란 하나님의 은총과 축복을 얻기 위해 우리가 할 수 있는 일이 무엇인지에 관한 영적인 가르침이다.	교회는 같은 믿음을 가진 자들이 공동체의 기준들을 지키도록 서로를 독려하는 곳이다.

이 있다. 이 복음이 매력적인 이유는 다음과 같다.

도덕주의 복음은 안전하다

도덕주의는 예수님에 관한 소식을 자신의 삶을 변화시키는 새로운 동기 정도로 이해함으로써 복음 선포에 타격을 가한다. 이 같은 변경은 타락에 대한 왜곡된 시각을 갖게 한다. 우리의 죄성(sin)보다는 우리의 범죄(sins)를 문제시한다. 성경은 우리가 죄성을 타고난다고 가르친다. 우리의 죄악 된 행동들은 악한 마음에서 나온다. 도덕주의 복음은 우리를 '범죄'와 싸우는 선한 사람으로 규정한다.

이 위조품이 왜 안전할까? 우리가 처리하기 쉬운 죄 목록을 고안할 수 있기 때문이다. 우리가 컨트롤하는 위치에 서게 된다. 자신이 컨트롤하고 싶은 죄들을 설정하고 그것들에 대항하면 된다. 간단한 일이다.

그리스도인의 삶은 서너 가지 쉬운 단계로 제시된다. 우리가 자신의 행동을 수정함으로써 하나님께 인정받을 수 있다는 것이다. 우리가 무죄하다고 생각하진 않지만, 적어도 노력은 하고 있다. 그게 중요하다. 우리를 위해 자신이나 교회가 설정한 도덕적 기대를 만족시키려고 노력함으로써 의에 도달한다. 하나님은 더 이상 완벽을 기대하지 않으신다. 단지 개선을 기대하신다. 따라서 교회는 홈디포(미국의 가정용 건축자재 유통회사-역자 주)처럼 이렇게 말한다. "당신은 할 수 있습니다. 우리가 도울 수 있어요!"

보편적 도덕성에 대한 갈망에 호소한다

얼마 전에, 나는 한 대학생과 점심을 같이 했다. 그는 어릴 적부터 배워 온 몇 가지 도덕적 가르침들과 씨름하고 있었다. 그의 몇몇 친구들은 교회에서 그가 배운 것과는 다른 도덕 기준을 지녔다. 대화 중에 그는 자신의 부모와 교회가 지나치게 비판적이라는 생각을 피력했다. "특정한 행동이 잘못이라고 누가 말할 수 있나요? 그건 우리가 관여할 일이 아닙니다."

친구들에 대한 얘기를 듣고, 나는 그들이 보수적이고 엄한 교회 사람들만큼이나 비판적임을 지적했다. 그 친구들은 재활용하지 않거나 유기농 음식을 먹지 않는 이들을 비판했다. 도덕적 기준만 바꿨을 뿐, 비판적인 것은 동일했다.

『정책 리뷰』에서, 메리 에버스타트는 가상의 두 여자를 비교한다. 한 명은 할머니 베티이고 다른 한 명은 30세 손녀 제니퍼이다. 베티는 음식 문제로 사람을 판단하지 않으려 한다. 제니퍼는 성적인 문제로 사람을 판단하지 않으려 한다. 하지만 둘 다 어떤 부분에 대해서는 옳고 그르다는 개념을 지니고 있다.

가상 인물인 베티와 손녀 제니퍼의 사례를 들어보기로 한다: 음식과 성(sex)에 대한 그들의 도덕적 입장은 정반대이다. 베티는 영양과 음식에 관심이 많지만, 자신의 의견을 도덕적 판단으로 확대하진 않는다. 음식 문제에서 다른 사람들이 자신과 같은 입장이어야 하고 그렇지 않으면 잘못이라는 식으로 판단하지 않는다. 사실, 베티는 그런 식으로 확대하는 것이 잘못이라고 생각한다. 무례하고 지나치게 비판적이며 용납될 수 없는 태도라는 것이다. 제니퍼는 성에 관한 입장에 비교적 관심이 많다. 그러나 자신의 견해를 도덕적 판단으로 확대하지 않는다. 그렇게 확대하는 것은 잘못이라고 생각한다. 무례하고 지나치게 비판적이며 용납될 수 없는 태도라고 생각한다.

한편, 제니퍼는 음식에 관한 자신의 견해가 영양적으로는 물론이고 도덕적으로 올바르다고 확신한다. 그래서 다른 사람들도 자신과 같은 입장이어야 한다고 느낀다. 반면에, 베티는 성 도덕에 대해 그런 식으로 생각한다.[2]

비판 욕구는 우리의 존재 깊숙한 곳에 자리잡고 있다. 우리 모두는 보편적인 도덕성을 갈망한다. 우리는 모두 도덕주의자로 태어난다. 하나님은 잘못된 무엇인가를 파악할 수 있는 양심을 우리에게 주셨다. 또한 우리는 자신에게도 잘못된 무엇이 있음을 마음속 깊이 알고 있다.

도덕주의는 보편적 도덕성을 향한 우리의 갈망을 그릇된 방식으로 만족시킨다. 우리는 사회적으로 인정받을 수 있는 어떤 것에 기초하여 자

---

[2] Mary Eberstadt, "Is Food the New Sex?", *Policy Review* #153 http://www.hoover.org/publications/policy-review/article/5542에서.

신의 도덕성을 규정하려 한다. 사회의 도덕적 기준이 변하면, 우리는 현재적 흐름에 편승하고 싶어한다. 그래서 구식의 도덕성을 거부하려 한다. 역설적이게도, 언제나 적용할 수 있을 것처럼 보이는 우리의 도덕성이 실제로는 새로운 도덕 규범들에 의존한다.

> 우리는 자신에게도 잘못된 무엇이 있음을 마음속 깊이 알고 있다.

불행하게도, 변하는 도덕에 적응한다고 해서 우리 내면이 바뀌진 않는다. 고작해야 특정한 도덕적 관례를 지킴으로써 선하게 보일 뿐이다. 도덕주의 복음은 도덕성과 선함에 대한 우리의 갈망에 호소한다. 그러나 도덕주의는 우리를 정직한 시민으로 만들 수는 있지만 여전히 지옥으로 이끌 뿐이다.

인격 변화를 강조한다

이 가짜 복음이 매력적인 또 다른 이유는 구원이 인격 변화를 수반해야 함을 강조하기 때문이다. 입술로 그리스도를 믿는다고 고백하면서 삶으로는 그분을 부인하는 이들이 너무나 많다.

문제는 무엇일까? '그리스도인들이 실천하지 않는다!' 는 것이다. 해결책은? 실천하는 법을 가르치는 것이다. 그래서 그리스도인다운 생활을 시작하게 하기 위해 새 회심자들에게 율법을 가르친다. 복음을 그리스도인 가족이 되어 행동 교정을 시작하기 위한 출발점 정도로 여긴다.

불행하게도, 행동 변화를 복음의 결과로가 아니라 복음의 핵심으로 여기는 것은 하나님과의 관계를 스스로 조절하려 드는 태도이다. 복음은 의롭게 하는 것이며 율법은 거룩하게 하는 것으로 간주된다. 그러나 실제로는 복음이 그리스도인의 모든 삶을 가능하게 하는 연료이다. 선한 행실은 복음의 뿌리가 아니라 열매이다.

도덕주의 복음에 대처하는 방법

좋은 소식을 행동 개선책 정도로 격하시키는 도덕주의 복음에 대처하는 방법은 무엇일까? 어떻게 하면 위조품에 넘어가지 않을 수 있을까? 유일한 해결책은 도덕주의 복음을 영광스러운 은혜의 복음의 찌그러진 변형으로 보는 것이다.

참된 변화는 성경적인 복음에서 비롯됨을 명심하라

얼마 전, 나는 한 대학생으로부터 이메일을 받았다. 내가 정규적으로 기도해주는 학생이었다. 특정한 죄들을 이겨보려고 힘든 시기를 보냈던 그가 말했다. "저는 복음에서 자기 의로 방향을 전환했던 것 같아요. 내 죄를 극복했다고 생각했지만, 실제로는 죄를 훈련시키고 있었어요. 마치 앉거나 멈추거나 죽은 체하도록 짐승을 훈련시키듯 말입니다. 죄를 훈련시키는 것은 (야생) 짐승을 훈련시키는 것과 흡사해요. 곰에게 재주를 가르칠 수 있지만, 언젠가는 곰의 공격을 당하죠. 간교한 죄들이 저를 공격했어요. 저는 기도조차 할 수 없다고 느낄 정도로 힘들었어요. 노력해보았지만 부질없었죠. 저의 무기력함을 절감했습니다."

나 역시도 이 이메일 내용에 공감한다. 복음을 도덕주의로 이해하려는 생각에 줄곧 빠져든다. 도덕주의 복음은 "더 잘하라!"고 말한다. 우리가 더 잘하지 못할 때, 가짜 복음은 훨씬 더 많은 명령을 제시한다.

하지만 줄곧 "개선하라!"고 요구하는 메시지는 지속적인 변화로 이끌지 않는다. 일시적으로 개선시킬 수는 있겠지만, 진정한 변화를 가져다 주진 못한다. 오직 복음만이 우리를 변화시킬 수 있다. 우리에게 은혜를 주는 것은 복음뿐이기 때문이다. 도덕주의 복음은 은혜 개념을 자격 있는 자에게 주어지는 어떤 것으로 왜곡시킨다. 마치 하나님이 "내가 네게 은혜를 주는 것은 네가 받을 자격이 있기 때문이다."라고 말씀하시는 것처럼. 하지만 그것은 전혀 은혜가 아니다. 하나님의 은혜는 우리가 아직 죄인일 때, 예수께서 우리를 위해 죽으신 사실에서 드러난 것이다.

복음은 도덕주의적 종교와는 전혀 다른 원칙에 의해 작동한다. 팀 켈러가 말하듯이, "종교는 '내가 순종하기 때문에 하나님의 인정을 받는다.'는 원칙에 따라 작동한다. 그러나 복음의 작동 원리는 '나는 그리스도께서 행하신 일로 인해 하나님의 인정을 받기 때문에 순종한다.'이다."[3]

> 우리는 자신이 나름대로
> 충분히 선함을 하나님과 자신에게
> 입증하고 싶어한다.

도덕주의 복음은 인간의 마음속에 원래부터 설정되어 있는 것이다. 우리는 줄곧 자기 칭의를 향해 돌이킨다. 우리는 자신이 나름대로 충분히 선함을 하나님과 자신에게 입증하고 싶어한다.

도덕주의적 개념은 탕자의 비유에 잘 드러나 있다. 그 비유 속의 둘째 아들은 우리에게 친숙하다. 그는 먼 나라로 가서 방탕한 생활로 돈을 모조리 탕진한다. 이는 아버지의 뜻을 명백히 거역한 모습이다. 맏아들은 충실한 모습으로 집에 머물지만 그 역시 아버지의 뜻을 거스른다. 아버

---

3) Tim Keller, *The Reason for God; Belief in an Age of Skepticism* (New York: Dutton Adult, 2008), 180.

지 곁에 있으나 그의 마음은 멀리 떠나 있다. 그래서 탕자가 돌아오고 아버지가 살진 송아지를 잡을 때, 맏아들은 불평한다.

하나님으로부터 달아나는 방식은 두 가지다. 하나는 모든 규례를 어김으로 공공연히 그분을 거역하는 것이고, 또 하나는 모든 규례를 지키며 자기 스스로 구주가 되려고 시도함으로써 내면적으로 하나님을 거역하는 것이다. 켈러가 말하듯이, "역설적이게도, 사람들은 예수님을 선생과 본보기와 조력자로 여기지만, 구주로서의 그분을 기피하고 있다. 하나님 앞에 서기 위해 그들이 의지하는 것은 예수님이 아니라 자신의 선이다. 예수님을 따름으로써 스스로를 구원하려고 애쓰고 있다."[4)]

이러한 위조품은 내가 사역해온 모든 곳의 모든 문화 속에 존재한다. 루마니아에서의 첫 해 동안, 나는 우리 교회에 자주 다녔던 한 청소년과 대화했다. 그리스도를 의지함에 있어 가장 큰 장애는, 그가 자신의 죄를 마음대로 제어할 수 없다는 것이었다. 그가 제압할 수 있다고 느끼는 죄도 있었지만, 제압을 확신하지 못하는 몇 가지 죄도 있었다.

"나는 네가 그 죄들을 누를 수 없다고 생각해."라고 그에게 말하자 그는 깜짝 놀랐다.

"내가 바뀔 수 없다고요?" 내 말에 완전히 낙심한 그가 말했다.

"물론이지. 네가 그리스도를 의지하기 전에 스스로 변하려고 하는 한 결코 변하지 않을 거야."

나는 은혜의 특성을 다시 설명해주었다. 삶의 변화는 하나님의 은혜의 원인이 아니라 그 결과임을 설명했다. 그 친구는 단지 의지력으로 구원을 얻으려 하고 있었다. 그러나 구원은 우리의 의지력을 통해서가 아니

---

4) Ibid., 177.

라 하나님의 의지와 능력을 통해서 임한다.

얼마 후 그 친구는 우리의 대화를 통해 자신의 생각이 완전히 바뀌었다고 했다. 이제껏 그는 은혜를 무자격자에게 주어지는 것으로 생각해 본 적이 없었다. 며칠 후, 그 젊은이는 그리스도인이 되었고, 자신이 그토록 고심하던 죄들이 하나님의 은혜 아래서 차츰 사라졌다.

보다 최근에, 남부 지역에 사는 어떤 사람에게 복음을 전하고 있었다. 그는 교회에 출석했고 복음에 마음 문을 열기 시작했다. 하지만 앞의 루마니아인 청소년과 비슷한 이유로 결단을 미뤘다. '그리스도께 나가기 전에 이 죄를 통제해야 해.' 라는 생각이 문제였다.

내가 삶의 변화의 중요성을 부인한다면 나는 비성경적일 것이다. 이렇게 말하는 것으로는 부족하다. "은혜는 우리의 모습 그대로를 받아들인다. 우리 죄에 대해 염려하지 말자!" 우리의 현재 모습을 은혜가 용납한다는 사실은 분명히 강조되어야 한다. 하지만 결코 거기서 그치지 않는다. 우리는 '성경적인 복음이 하나님의 선물'이기 때문에 삶을 변화시키는 것이라는 점도 분명히 밝혀야 한다. 그 선물을 받을 자격이 없는 우리가 그것을 받았으니 우리 삶에 변화가 뒤따라야 하는 것이다. 이 사람도 복음의 능력에 사로잡혔고, 몇 주 후에 세례를 받았다.

죄로 인해 부서지고 은혜에 압도된 마음으로 회개하라

50년 전에는 그리스도인을 다음과 같이 묘사하는 경우가 많았다. "여러분은 술을 마시거나 담배를 피거나 껌을 씹지 않으며, 또한 그런 자들과 어울리지 않습니다." 세속성은 영화나 카드 게임 같은 몇몇 습관들로 규정되었다. 이런 습관을 비판하는 메시지가 설교의 주된 내용에 속했다.

도덕주의 세계에서, 회개는 죄의 관리이다. 구원은 교회의 죄 목록에 속한 죄악을 통제하는 것과 관련된다. 그 죄악을 통제하는 자는 존경받는다. 오늘날 우리도 그런 식이다. 죄 목록이 변했을 뿐이다.

하지만 이 같은 죄 개념은 매우 부적절하다. 다윗 왕은 자신의 숨겨진 허물마저 드러내실 것을 하나님께 간구했다. 그는 자신이 속속들이 죄악 됨을 자각했다. 몇몇 죄악을 저지르지 않는 데서 그치고 싶지 않았다. 행동의 변화로 이어질 마음의 변화를 원했다. 찰스 스펄전은 악한 마음을 회개하지 않고 악한 행동만 회개하는 것은 마치 물이 새는 부위를 수리하지 않고 배에 차오르는 물만 퍼내는 사람과 같다고 했다.

> 도덕주의 가짜 복음을 피하는 유일한 방법은 죄의 심각성을 직시하는 것이다.

도덕주의 가짜 복음을 피하는 유일한 방법은 죄의 심각성을 직시하는 것이다. 자신의 절망적인 상황을 직시했으면, 구원을 얻기 위해 그리스도께로 돌이켜야 한다. 도덕주의 복음은 그리스도께 도움을 청하도록 가르친다. 그러나 성경적인 복음은 그리스도께 구원을 간구하게 한다.

회개는 우리의 죄에 대한 절망감에서 비롯된다. 우리는 자신을 주변 사람과 비교하지 않고 하나님께 비춰보기 시작한다. 하나님의 거룩성에 자신을 비춰볼 때, 우리의 '죄악에도 불구하고' 우리에게 임하는 큰 은혜를 자각할 때, '더 나은 죄인'이나 '더 심한 죄인'으로 하나님 앞에 설 수 없음을 깨닫는다. 우리는 회개자이거나 회개하지 않는 자일 따름이다. 참된 기독교는 전적으로 회개에 달렸다. 자신의 죄에 절망하고 우리를 구원하시는 하나님의 놀라운 은혜에 사로잡혀야 한다.

자신의 권리를 포기하고 하나님이 완성하신 사역을 믿으라

우리가 도덕주의 가짜 복음에 빠졌는지 어떻게 알 수 있을까? 두 가지 쉬운 진단법이 있다.

첫째, 고난과 고통에 어떻게 반응하는지 생각해보라. 무서운 시련을 지날 때 하나님에 대해 어떻게 생각하는가? 도덕주의자들은 바로 이렇게 생각한다. '내가 무슨 짓을 했단 말인가? 하나님은 나의 모든 선한 행실을 보시지 않는 것일까?' 하나님을 우주적인 고용주로 보기에 그분께 어떤 보상을 기대한다. 이러한 기대를 하나님이 만족시켜주지 않으시면 우리는 화를 낸다. 이런 실망은 좌절로 이어지고, 하나님을 기쁘시게 하려는 자신의 모든 노력이 무용지물이라고 생각한다.

두 번째 진단법은 하나님의 은혜로 축복을 누리는 사람을 볼 때 자신의 마음이 어떤지 점검하는 것이다. 얼마 전, 내가 아는 사람이 새로운 사역과 승진 기회를 얻었다. 그 소식에 나는 기뻐하기보다 시기심에 사로잡혔다. '왜 하나님이 내게 기회를 주지 않고 그에게 주셨을까? 나는 자격이 없는 걸까?' 하는 생각이 가득했다. 은혜를 시기하는 마음이었다. 나는 회개해야 했다. 그래서 다른 이에게 임하는 하나님의 은혜를 기뻐하게 해달라고 기도했다.

도덕주의 복음은 밥 뉴하트의 촌극과 닮았다. 그 촌극에서 상심한 이들을 위한 뉴하트의 조언은 줄곧 이것저것을 명령하는 것이다. 물론, 신약성경에도 많은 명령이 담겨 있다. 그러나 하나님의 명령은 언제나 과거에 행하신 그분의 사역에 근거한다. 명령법적 표현(직설법적 표현)은 하나님이 하신 일에 관한 진술들에 기초한다.

튤리안 차비진은 이렇게 설명한다. "직설법적 내용과 분리된 명령은 불가능을 초래한다."[5]

　이것이 복음의 논리다. 바울 서신 전반에 걸쳐 직설법에서 명령법으로 전환되는 내용을 엿볼 수 있다. 흔히, '그러므로'라는 말로 전환된다.

　"너희가 법 아래에 있지 아니하고 은혜 아래에" 있고 "죽은 자 가운데서 다시" 살아났다(롬 6:14, 13/직설법). '그러므로' "너희는 죄가 너희 죽을 몸을 지배하지 못하게 하여……너희 지체를 불의의 무기로 죄에게 내주지 말고 오직 너희 자신을……하나님께 드리며 너희 지체를 의의 무기로 하나님께 드리라"(롬 6:12, 13/명령법).

　에베소서의 처음 세 장은 '하나님의 구속 계획', '스스로 구원할 수 없는 우리의 무력함', '유대인과 이방인을 함께 부르시는 하나님'의 측면에서 복음을 설명한다. 그런 후에 4장에서 바울은 복음 메시지를 적용하는 방법을 나열하기 시작한다. '그러므로'라는 말로 시작하여 복음에 근거한 명령을 제시하는 것이다.

　갈라디아서 5:24과 16절도 마찬가지이다. "그리스도 예수의 사람들은 육체와 함께 그 정욕과 탐심을 십자가에 못 박았느니라"(직설법). '그러므로', "성령을 따라 행하라 그리하면 육체의 욕심을 이루지 아니하리라" (명령법).

　우리가 그리스도께서 하신 일에 근거하지 않고 스스로 해야 하는 일에 관심을 집중한다면 낙심될 것이다. 그토록 많은 사람이 허망한 노력을 반복하는 것도 바로 이 때문이다. 자신의 삶을 그리스도께 거듭 맡기면서, "이번에는 더 열심히 하겠습니다! 더 진지하게 노력하겠습니다!"라

---

5) http://thegospelcoalition.org/blogs/justintaylor/2010/05/03/imperatives-indicatives-impossibilities에 있는 2010년 5월 3일 블로그, Justin Taylor, "Imperatives-Indicatives-Impossibilities."

고 한다. 하지만 결국 자신의 무기력한 삶에 좌절하고 낙심한다.

도덕주의 복음의 결과는 절망이다. 하지만 그 절망은 성경적 은혜의 복음으로 우리를 이끌 수 있고 또 이끌어야 한다. 참된 복음은 가짜 복음을 노출시키며 지속적인 행동 변화를 유발한다. 외적인 변화보다 예수 그리스도의 십자가에 의한 내적 변화를 일으킨다.

하나님의 영광스러운 은혜를 누리라

사도 바울은 우리가 율법의 행위로가 아니라 예수 그리스도를 믿는 믿음으로 의로워진다고 한다. 우리는 오직 믿음으로 의로워지고 오직 은혜로 구원받는다. 그리스도께서 우리를 대신하셨기 때문이다.

도덕주의 복음은 행실이 단정한 사람들로 교회를 채울 수도 있다. 하지만 그런 사람은 성성적인 복음이 약속하는 새 사람이 아니라 향상된 모습의 옛 사람일 뿐이다. 은혜가 없이는 참된 삶의 변화가 일어나지 않는다.

한때 영국에서 비교종교학에 관한 회의가 열렸다. 전 세계에서 온 참석자들이 기독교 신앙의 유일성에 대해 토론하고 있었다. 그들은 부활, 천국, 영혼의 영원성, 선행, 이웃 사랑 등의 개념을 논의했다. 그때 유명한 작가인 C. S. 루이스가 회의실로 들어섰다. 그는 살아오면서 무신론에서 불가지론으로 다음에 기독교로 전향했다. 몇몇 참석자가 기독교의 독특성에 대해 루이스에게 물었다. 그러자 루이스는, "오, 그건 쉬워요. 그것은 바로 은혜죠."[6]라고 했다.

도덕주의가 약속만 하고 제공하지 못하는 것(심령의 변화)을 은혜는 이

---

6) Philip Yancey, *What's So Amazing About Grace?* (Grand Rapids: Zondervan, 2002), 45에서 인용.

뤄낸다. 빅토르 위고의 『레미제라블』은 은혜의 가장 강력한 사례 중 하나를 보여준다. 그 이야기에서, 도둑인 장발장을 연로하고 친절한 한 주교가 따뜻하게 대해준다. 장발장은 이 주교의 친절에도 불구하고 값비싼 은그릇을 훔쳐 달아난다. 경찰이 그를 붙들어 주교에게 데려온다. 그때 주교는 이렇게 말한다.

"아, 당신이로군!" 그가 장발장을 똑바로 바라보며 말했다. "또 보게 되어 반가워요. 그런데, 저런! 나는 당신에게 여러 촛대도 주었는데, 그것도 은제품이므로 팔면 200프랑 정도는 될 거요. 그런데 왜 그것들은 가져가지 않았소?"

장발장은 깜짝 놀라며 그 덕망 깊은 주교를 바라보았다. 경사가 말했다. "주교님, 그러면 이 사람 말이 사실인가요? 이 자는 서둘러 마을을 빠져나가고 있었어요. 급히 달아나는 것처럼 보였습니다. 붙들어서 조사했더니 이 모든 은제품이……"

주교가 미소 지으며 끼어들었다. "그래서 저 사람이 이렇게 말했겠지요. 하룻밤을 쉬고 가게 해준 한 괴짜 신부가 그것들을 자신에게 주었다고 말이죠. 그 말을 들은 경사께서 이상하게 여겼군요. 그래서 나를 찾아온 거죠? 아마 오해가 있었나 봅니다……"

"이봐요." 하고 주교가 장발장에게 말했다. "가기 전에 이 촛대들도 챙겨요. 그건 당신 것이니까요."

그는 벽로 선반 위에 놓인 두 개의 촛대를 집어 장발장에게 주었다. ……장발장의 온 몸이 떨렸다. 그는 놀란 표정을 지으며 기계적으로 촛대를 받았다.

"이제, 평안히 가세요." 하고 주교가 말했다.[7]

장발장은 자신에게 제공된 은혜에 어안이 벙벙한 채로 주교의 집을 나섰다.

그는 자신의 행동을 이해할 수 없었다. 그 늙은 주교의 천사 같은 행동과 너그러운 말을 뻔뻔스럽게 받아들였다. ……그 숭고한 용서 앞에서 교만하게 자신을 변호하기에 급급했다. 그것은 우리 안에 있는 악의 요새와 같은 교만이었다.

은혜는 공격적이다. 그것은 이 도둑의 마음을 조금씩 무너뜨렸다. 주교의 용서를 받은 지 얼마 후에, 장발장은 한 아이의 돈을 빼앗는다. 하지만 은혜를 경험했던 그로서는 더 이상 죄를 느긋이 용납할 수 없었다. 갑자기, 그의 마음과 생각이 전격적으로 바뀐다. 은혜에 정복당한 것이다. 빅토르 위고는 그 순간을 이렇게 묘사한다.

장발장은 오랫동안 울었다. 뜨거운 눈물을 흘리며 흐느꼈다. 그 어떤 여인보다 더 무기력하고 연약한 모습으로, 그 어떤 아이보다 더 두려워하며 울었다. 그가 울고 있는 동안, 그의 영혼이 점점 더 밝아졌다. 그것은 특이한 빛이었다. 황홀하면서도 무서운 빛이었다.[8]

---

7) Victor Hugo, *Les Miserables: A New Translation by Julie Rose* (New York: Random House, 2008), 90.
8) Ibid., 96-97.

나머지 이야기는 용서받고 회개한 도둑, 장발장의 삶을 묘사한다. 주교를 통해 전해진 그리스도의 은혜가 진정한 삶의 변화를 일으켰다. 우리 주 예수 그리스도 안에 있는 하나님의 은혜는 우리에게도 동일한 변화를 일으킬 것이다.

 | 이 장과 관련된 성경 말씀 |

하나님으로부터 달아나는 두 가지 유형
누가복음 15:11-32

내면적 변화의 필요성
시편 19:12-14, 51편; 에스겔 11:19, 36:2-6; 로마서 7:7-25

하나님이 하신 일에 기초한 성경의 명령들
로마서 6:12-14; 갈라디아서 5장; 골로새서 3장

이신칭의
로마서 3:28; 갈라디아서 2:16, 3:11; 야고보서 2:18-26; 디도서 3:3-7; 디모데후서 1:8, 9

나는 낙관론자도 비관론자도 아니다.
예수 그리스도께서 죽은 자 가운데서 다시 살아나셨다.

_ 레슬리 뉴비긴

CHAPTER
6
정적주의 복음

일그러진 복음

아돌프 히틀러가 등장할 무렵, 독일인들의 기만성을 연대기적으로 그린 책에서, 어윈 루처는 제2차 세계대전 기간에 독일에서 살았던 한 사람의 이야기를 1인칭 주인공 시점으로 묘사한다.

나치의 유대인 대학살 기간에 나는 독일에서 살았다. 나는 그리스도인임을 자처했다. 우리는 유대인들에게 일어나고 있는 일을 들었지만, 가급적 못들은 척하려 했다. 그런 일을 누구도 제지할 수 없다고 생각했기 때문이다.

우리의 작은 교회 뒤편으로 철도가 놓여 있었다. 주일 아침에 멀리서 기적이 울리고 나면 열차 바퀴 소리가 들렸다. 열차가 지나갈 때 그 안에서 들려오는 울부짖는 소리가 우리 마음을 어지럽혔다. 유대인들을 가축처럼 싣고 가는 열차였다!

매주 기적 소리가 울렸다. 우리는 열차 바퀴 소리를 듣는 게 두려웠다. 죽음의 수용소로 끌려가는 유대인들의 울부짖음을 들어야 했기 때문이다. 그 비명소리가 우리를 괴롭혔다.

그 열차가 지나가는 시간을 우리는 알고 있었다. 기적이 울리면 우리는 찬송을 부르기 시작했다. 열차가 우리 교회를 지나갈 때쯤에는 찬송하는 목소리를 최대한 높였다. 비명이 들리면 우리의 찬양 소리가 더 커졌고 이내 그 열차는 지나갔다.

세월이 흐르고 이제 아무도 그 얘기를 하지 않는다. 하지만 내 꿈 속에서 그 열차의 기적이 여전히 들린다. '하나님 저를 용서하소서. 그리스도인임을 자처하면서 전혀 개입하지 않았던 우리 모두를 용서해주소서.'[1]

이런 이야기를 들으면 등골이 오싹하다. 주변 곳곳에서 일어나는 악한 일들을 너무나 많은 교회들이 모른 체한다. 끔찍한 잔학행위들을 보고서도 침묵하는 자칭 그리스도인들이 너무나 많다. 독일에서 일어난 일은 상례에서 벗어난 특이한 경우라고 우리는 생각한다. 우리 자신을 위안하려는 생각이다.

하지만 우리 자신의 역사를 간단히 돌아보면, 심한 죄악에 그리스도인들이 연루된 경우들이 더러 있음을 알 수 있다. 노예제가 한 예이다. 성경을 믿고 교회에 다니는 그리스도인들에게서 받았던 수모를 묘사하는 노예들의 보도를 읽고서 나는 몸서리가 났다. 한 노예에 의하면, 주일 아침에 교회에서 그와 함께 성찬식에 참여했던 주인이 오후에는 그에게

---

1) Erwin W. Lutzer, *Hitler's Cross* (Chicago: Moody, 1998), 100.

채찍질을 했다고 한다. 농장에 몇 분 늦게 도착했다는 이유에서였다.[2]

복음주의자로서, 우리는 복음이 자신의 삶을 변화시킨다고 믿는다. 변화를 강조하다 보면, 두 가지 함정 중 하나에 빠질 수 있다.

하나는 복음의 효력을 복음 그 자체와 혼동하게 하는 함정이다. 세상을 더 나은 곳으로 만들려는 우리의 노력으로 복음 선포 그 자체를 대체할 수 있다. (나는 이런 오류를 '행동주의 복음'이라 지칭하며 8장에서 다룰 것이다.)

또 다른 함정은 행동주의자들과 반대로 자기만의 영역 속으로 물러나게 하는 것이다. 이 경우에 복음의 빛은 등잔 아래에 감춰진다. 우리의 초점은 '세상을 위한' 교회보다는 교회를 위한 교회에 맞춰진다. 나는 이를 '정적주의 복음'(the quietist gospel)이라 부른다.

정적주의 복음이란 무엇인가

성경적 복음은 역사 속에서 일어난 사건들에 관한 것이다. 예수 그리스도께서 우리 죄를 위해 죽으셨고 죽은 자 가운데서 살아나셨다. 그는 주님이시다. 좋은 소식은 공개적인 소식이다. 모든 사람, 모든 나라, 모든 민족, 그리고 모든 대륙과 관련되는 것이다. 이와는 대조적으로, 정적주의 가짜 복음은 공개적인 선포로서의 복음에 반발하며, 좋은 소식을 개인적인 메시지로만 이해한다. 이 가짜 복음은 예수 그리스도의 십자가와 부활은 더 이상 온 세상을 향한 것이 아니라 개인만을 위한 것이라고 한다.

정적주의 복음의 여파로, 교회는 특유의 사명을 잃고 같은 마음을 지

---

2) Mark Galli, "Defeating the Conspiracy", *Christian History*, issue 62.

닌, 자신의 생존에 골몰하는 개인들의 고립된 거처가 된다. 구속과 회복은 새 땅 곧 의로 가득한 사회에 대한 약속이기보다는 육체와 분리된 사후의 존재와만 연관된다. 교회는 다른 사람을 회개시켜 하나님의 영광을 드러내기 위해 공격적이며 단합적 의미에서의 성결을 추구하기보다는, 세상을 피하기 위해 방어적 의미에서의 정결한 태도를 추구한다.

정적주의 복음의 여러 유형

정적주의 복음은 매우 교묘한 위조품이다. 복음이 공적인 삶과 아무런 연관이 없다고 말하는 기독교 지도자들은 거의 없을 것이다. 하지만 그들의 입에서 나오는 많은 말이 정적주의적 성향을 내비친다. 몇 가지 예를 들면 다음과 같다.

"복음은 단지 개인 구원에 관한 것이다"

TV 해설자이자 저자인 글렌 벡은 최근에 기독교의 이름으로 자유주의적 정치관을 피력하는 사람들을 경고함으로 유명세를 탔다. 그는 복음이 개인 구원과만 관련된 것임을 분명한 어조로 말했다. 물론, 벡은 몰몬교도이며 복음주의적인 사람이 아니다. 그러나 놀랍게도, 많은 복음주의자가 벡의 주장을 옹호하고 나섰다.

솔직히 말해서, 그 주장은 성경적 복음을 무시하고 정치적, 경제적 주제에 초점을 맞추는 많은 설교자를 겨냥한 것이다. 복음이 사회 개혁에 관한 메시지가 아닌 것은 사실이다. 하지만 복음 선포는 구속함받은 죄인들의 공동체를 탄생시키며, 이들은 삶의 모든 영역에서 그리스도께

신실하려고 노력한다. 이런 면에서 복음 선포는 사회적 의미도 내포한다. 예수님의 모친 마리아가 하나님께 찬양할 때, 개인적으로 베풀어주신 그분의 은혜를 기뻐함과 아울러 강한 자를 낮추고 겸손한 자를 높이시는 하나님의 약속도 노래했다.

개인의 죄 용서에 관한 메시지를 무시하는 것은 복음의 핵심을 망각하는 것이다. 하지만 복음 선포가 개인 구원과만 관련된다고 말하면 공개적인 측면을 무시하는 셈이다.

내가 예전에 가장 즐겨 불렀던 부활절 찬양 중 하나는 '다시 사신 구세주' (He lives)이다. 요즘에는 정적주의적 경향을 보이는 그 가사 내용이 마음에 걸린다. 후렴구는 "예수 예수 늘 살아계셔서"로 시작한다. 이 내용에 대해서는 만족스럽다. 그 다음에는, "주 동행하여 주시며 늘 말씀하시네……내 맘에 살아계시네……"[3]라는 가사로 이어진다.

이 찬송을 지은 사람이나 이 찬송을 부르는 많은 신자는 분명 예수님의 역사적 부활을 말 그대로 믿을 것이다. 그러나 가사 자체에는 그런 내용이 보이지 않는다. 후렴구는 그리스도의 부활이 우리와 더불어 친교를 나누시기 위함이라는 느낌을 갖게 한다.

부활의 증거가 빈 무덤 안에 있는 것이 아니라 우리의 행복한 마음에 있다고 말한다. 십자가 처형 후 사흘째 되던 날, 나사렛 예수의 심장이 다시 뛰기 시작했다는 가슴 벅찬 이야기를 영적으로 해석하며 개인화시킨다.

나는 '다시 사신 구세주'의 지은이의 믿음 부재를 지적하는 것이 아니다. 다만 우리가 구원을 개인화하기 쉽다는 점을 지적하고 있을 뿐이다.

---

3) "He Lives," Alfred H. Ackley, Copyright 1933, renewed 1961, The Rodeheaver Co.

부활과 같이 세상을 변화시키는 위대한 사건마저 개인적인 평안을 위한 잠잠한 메시지로 축소될 수 있다.

"사회에서 그리스도인에게 맡겨진 유일한 역할은 복음 전도다"

왜 하나님이 새 신자들을 곧바로 천국으로 데려가지 않으시는가 하는 물음에, 어떤 목사는 "다른 사람에게 예수님을 전하기 위해 우리는 이 땅에 남아야 합니다."라고 답한다. 물론, 복음 전도는 그리스도인의 의무다. 하지만 한 걸음 더 나아가, "사회에서 우리에게 맡겨진 유일한 역할은 복음 전도"라고 말하는 것은 옳지 않다. 복음 전도를 무시하는 것은 그리스도의 지상명령을 부인하는 것이다. 그러나 복음 전도를 그리스도인의 유일한 의무로 여기는 것은 그리스도인을 두 계층으로 나누는 개념이다.

대부분의 그리스도인은 매주 온갖 종류의 일터에서 일하는 보통 사람이다. 우리는 아침에 일어나서 일하러 간다. 대부분의 시간을 고용인으로 의무를 수행하는 데 쓴다. 잠자리에 들기 전 저녁 무렵에 잠시 쉰다. 아침에는 기도와 성경 공부 시간을 갖지만, 다른 일에 할애하는 시간에 비하면 그 시간은 훨씬 짧다. 그리스도인의 임무 중 하나는 복음을 증언하는 것이다. 특히, 함께 일하는 동료에게 복음을 전해야 한다. 그러나 우리의 시간 중 대부분은 각자의 직업에 충실하여 하나님께 영광 돌리는 일에 사용된다.

복음 전도를 너무 강조한 나머지 다른 모든 일을 대수롭지 않은 세속적인 것으로 간주한다면, 동료 그리스도인을 쓸데없는 죄책감에 빠지게 하는 것이다. 우리는 교회 사역에 종사하는 슈퍼 그리스도인을 떠받든다. 목사, 복음 전도자, 또는 선교사 등이 그들이다. 그들을 진정으로 지상명령을 수행하는 자들로 간주한다. 다른 사람은 모두 평범하여 세속적 일에 너무 빠졌다는 것이다.

이러한 이분법은 건전하지 않다. 우리의 모든 일이 하나님의 영광과 이웃의 유익을 위함임을 잊을 때, 우리 행동을 '신성한' 것과 '세속적인' 것으로 양분하게 된다. 이런 생각을 지닌 그리스도인은 자신의 대부분의 시간을 하나님과는 무관한 세상에서 허비한다고 자각한다. 그래서 주일에 몇 시간을 할애하여 교회로 가 기독교 언어를 사용한다. 그러나 나머지 요일에는 세상적 가치관에 따라 세상의 방식으로 살아간다.

이처럼 신성함과 세속성을 분리하는 것은 우리 영혼에 해롭다. 역설적이게도, 이런 사고방식은 복음 전도의 효과를 도리어 감소시킨다. 예수 그리스도께서 만유의 주시라는 선포를 우리 자신의 삶으로 입증하지 못하기 때문이다. 예수님은 우리의 종교적 삶이나 복음 전도 노력 또는 교회 사역의 주님만이 아니시다. 그는 우리의 직업을 통해서도 섬김받으시는 왕이시다.

"교회는 정치와 아무런 관련이 없다"

"교회는 정치에 관여하지 않아야 하며 복음만 전해야 한다."

"교회와 정부의 분리란 교회는 영적인 일들만 말하고 정부는 국가적인 일들만 다뤄야 함을 뜻한다."

"복음은 정치와 부딪히지 않는다."

우리 세대의 많은 그리스도인이 이런 식으로 말한다. 한편으로 나는 그 정서를 이해한다. 교회를 정치적인 목적에 이용하고 참된 복음을 혼동시키는 사례들이 너무나 잦다. 이 불행한 현실에 반발하여, 사람들은 위의 말들을 한다.

그러나 복음이 정치와 부딪히지 않는다는 것은 지나친 말이다. 십자가에 달렸다가 다시 살아나신 왕에 대한 사도들의 선포는 정치적 의미로 이해될 수 있었다. 예수님을 전할 때 가이사에게 주어진 슬로건과 칭호를 계속 사용했으므로 정치적으로 부딪힐 수밖에 없었다. 개인의 영적 경험에 치중하는 영지주의자들은 정치적으로 부딪히지 않았다. 그러나 그리스도인들은 가이사의 권력을 위협하는 세력으로 간주되어 사자 굴에 던져지거나 화형에 처해졌다.

교회는 정치를 초월한다. 하지만 그리스도인 유권자나 의회에서 일하는 그리스도인, 심지어 일부 설교자의 설교에서, 복음은 여전히 정치적 의미를 내포한다. 다만 영원한 실재에 관해 선포한다는 점에서 복음은 이 세상 통치자들의 메시지를 초월하는 것이다. '예수님은 죽은 자 가운데서 살아나셨다.' 이 소식은 우리 삶의 모든 영역에 영향을 미친다.

정적주의 복음의 핵심		
이야기	선포	공동체
성경의 기사는 개인적이며, 삶의 영적인 영역에 주로 적용될 수 있다.	예수님의 죽음과 부활은 개인의 마음을 바꾸는 개인적이며 사적인 메시지다. 그것은 사회나 정치와는 관련이 없다.	교회는 자기 보전에 초점을 맞추며, 사회 문화에 대한 관심을 억제함으로 그 독특성을 유지한다.

정적주의 복음이 매력적인 이유

정적주의 복음이 많은 그리스도인의 관심을 끄는 이유를 숙고할 필요가 있다. '균형을 잃은 진리'에서 오류가 생긴다는 말이 있다. 이는 이 가짜 복음에 추파를 던지는 사람에게도 해당하는 말이다. 정적주의 복음은 어떤 점에서 일리가 있을까?

복음을 정치적 입장과 동일시하는 것을 우려한다

정적주의적 성향을 지닌 사람들이 복음을 정치적 입장으로 변형시키거나 교회를 정치적 목적으로 이용하는 것에 반대하는 것은 옳은 일이다. 정치적으로 좌파든 우파든, 예수님의 이름을 악용하는 단체는 허다하다. 이것은 부단한 위협 요인이며, 정적주의 복음은 이러한 위협을 인식하고 그것을 미리 피한다는 점에서 매력적이다.

개인 전도를 교회의 우선적인 의무로 여긴다

나는 복음 전도가 그리스도인의 유일한 의무라는 입장에 동의하지 않는다. 하지만 복음 전도에 우선순위를 두는 입장에는 동의한다. 사회 구조와 법을 바꾸기 위해 또는 배고픈 자들에게 빵을 주고 가난한 자들을 돕기 위해 무슨 일을 하든, 우리는 위대한 율법 수여자요 생명의 떡이시며 또한 온 세상의 왕이신 주께로 사람을 이끌어야 한다. 그렇게 하지 않으면, 우리는 예수님의 지상명령을 수행하지 못하는 셈이다.

정적주의 복음에 대처하는 방법

어떻게 하면 정적주의 복음을 피할 수 있을까? 우리는 복음 선포의 강력한 메시지에 다시 한 번 사로잡혀야 한다. 복음을 믿는 자들이 진리에 따라 결실 맺기를 기대함과 아울러 그리스도의 부활과 주권에 관한 선포가 사회에도 영향을 미치기를 기대해야 한다.

가난하고 궁핍한 자들에 대한 적극적인 관심으로 복음을 증언하라

복음은 '가난한 자들을 도와야 한다.'는 메시지가 아니다. 복음은 만유의 주권자이신 왕에 관한 메시지다. 그는 하늘의 부요함을 버리고 스스로 낮아져 죄인을 위해 죽으셨다. 그리고 영원토록 우리와 함께 하신다. 죄인을 위해 자신의 모든 것을 내어주신 예수님에 관한 복음 선포에 의해 변화를 받으면, 당신의 마음은 영적으로나 물질적으로 궁핍한 주변 사람에게로 향한다. 당신을 위한 그리스도의 희생이 당신으로 하여금 다른 이를 위해 희생하도록 이끈다.

예수님은 하나님을 사랑하는 것과 이웃을 사랑하는 것이 두 가지 큰 계명이라 하셨다(참조, 마 22:37-39). 우리가 아무리 많은 노력을 기울여도, 하나님과 이웃을 충분히 사랑하지는 못한다. 예수께서는 우리를 대신하여 이 두 계명을 성취하셨다. 우리는 더 이상 정죄당하지 않는다. 예수 그리스도께 연합된 우리는 의로운 존재로 선포된다.

그러나 우리를 대신하여 예수께서 율법을 완성하셨다고 하는 좋은 소식은 우리로 하여금 가만히 물러나 있게 하기 위한 것이 아니다. 영원한 목적지를 향해 가는 자동주행속도 유지 장치에 자신의 삶을 맡겨서는 안 된다. 그리스도께서 우리를 대신하여 율법을 지키셨고 우리에게 크신 은혜를 부어주셨다고 하는 좋은 소식은 '변화'를 일으킨다. 그것은 우리를 하나님과 이웃을 사랑하는 사람으로 만든다.

A. D. 260년에, 무서운 역병이 로마 제국을 휩쓸었다. 역병이 도는 지역을 피해 달아나는 자들도 있었다. 역병에 걸린 자가 그 증상을 보이기 시작하면, 불신자들은 병자를 밖으로 쫓아냈다. 가족마저 포기했다. 생존이 최우선 순위였기 때문에, 역병에 걸린 자들은 아직 죽기도 전에 길에 버려졌다. 역병 확산을 막기 위해서라면 사람들은 무엇이든 실행했다.

이 전염병에 대처하기 위해 그리스도인은 어떻게 했을까? 도시를 피해 달아나는 이교도들과 대조적인 행동을 보였던 그리스도인들의 모습을 디오니서스는 다음과 같이 묘사한다.

> 대부분의 그리스도인은 무한한 사랑과 헌신을 보여주었다. 전혀 자신의 몸을 사리지 않고 오직 서로를 생각했다. 위험을 아랑곳하지 않고 병든 자를 보살피고, 그리스도 안에서 그들에게 필요한 것을 제공했다. 기꺼이 그들과 함께 이 세상을 떠나려 했다. 질병에 전염되어 당하는 이웃의 고통을 즐거이 받아들였다. 다른 사람을 간호하거나 치료하다가 대신 죽음을 맞는 이도 많았다. ……장로와 집사와 평신도를 포함한 수많은 형제가 이런 식으로 목숨을 잃었다. 이런 죽음은 위대한 경건과 강한 믿음의 결과이며 모든 면에서 순교와 다를 바 없는 것 같다.[4]

---

4) Dionysus, Rodney Stark, *The Rise of Christianity* (Princeton, N.J.: Princeton Univ. Press, 1996), 82에서 인용.

복음 전도만 필요하고 가난하고 고통당하는 자들에 대해서는 관심을 가질 필요가 없다고 말하는 것은, 우리가 선포하는 진리의 일면을 스스로 부정하는 행위다. 사도 야고보는 궁핍한 형제에게 "덥게 하라, 배부르게 하라"(약 2:16)고 말하는 것으로는 충분치 않다고 지적한다. 이런 믿음은 죽은 믿음이다. 우리가 주변의 궁핍한 자에게 무관심하면 우리를 대신하여 가난해지신 왕을 어떻게 섬길 수 있겠는가?

빌 월리스는 중국 선교사였다. 여러 해 동안 중국인을 사랑하며 섬겼다. 제2차 세계대전 동안 일련의 여러 사건과 뒤이은 공산주의 정권 장악 과정을 목격했다. 결국 그는 순교했다. 월리스는 의사였고, 복음을 나누며 긍휼을 베푸는 일에 자신의 의술을 사용했다. 그는 자신의 선한 사역이 그가 선포하는 복음을 더욱 영광스럽게 하는 것을 보았다.

월리스는 이렇게 썼다. "이 병원의 임무를 완수하기 위해 모든 노력을 기울였다. 시각 장애인이 시력을 얻고 지체 장애인이 걷고 나환자가 치료된다. 청각 장애인이 소리를 듣고 가난한 자에게 복음이 전해진다. 매일 전해지는 영광스러운 복음에 어울리는 의료 서비스를 제공하는 것이 우리의 소망이자 기도이다."[5]

찰스 스펄전은 그리스도인의 긍휼과 복음 선포가 함께 전개되어야 함을 설명했다.

> 그리스도인임을 자처하는 사람이 다른 이들의 육체적 결핍을 돌보지 않는다면, 그들의 영혼을 위한 열정은 그다지 신실한 것으로 여

---

5) 빌 월리스(Bill wallace)의 이야기는 *Five Who Changed the World*(Wake Forest, N. C. : Southeastern Baptist Theological Seminary, 2008)에서 대니얼 아킨(Daniel Akin)에 의해 언급되었다.

겨질 수 없다. 어떤 사람이 내게 영적인 빵을 주면서 내 몸을 위해서는 한 조각의 빵도 주지 않는다면, 내가 어떻게 그를 좋게 여길 수 있겠는가? 가난한 자에게 영적 도움과 물질적 도움을 함께 베풀자. 형제의 영혼을 살리는 숭고한 일을 하면서 보다 평범한 일을 간과해서는 안 된다.[6)]

사도 야고보는 정결하고 더러움이 없는 경건이란 "고아와 과부를 그 환난 중에 돌보고 또 자기를 지켜 세속에 물들지 아니하는 그것"이라고 한다(약 1:27). 정적주의 가짜 복음은 개인적인 정결을 강조하지만 고아와 과부를 향한 그리스도인의 책임을 무시한다.

복음 선포에 의하면 우리는 오직 믿음으로 의로워진다. 그러나 이 믿음에서 그치는 것이 아니다. 복음의 구원 능력을 풍성히 드러내는 선한 사역으로 이끈다. 마태복음 25장에서 예수님이 당신을 안다고 말만 하는 자들과 실제로 행동하는 자들을 구분하시는 것도 바로 그 때문이다. 그는 궁핍한 자를 돕는 행동을 통해 복음의 열매가 입증되기를 원하신다.

반드시 기억할 사항이 여기 있다: 그리스도인은 가난한 사람을 돕는 후원자가 아니다. 우리 자신이 가난한 자이다. 우리가 물질적 파산자를 무관심하게 보듯이 하나님이 우리의 영적 파산 상태를 보셨다면 어떻게 되었을까? 우리는 자신의 궁핍한 영적 상태를 직시할 필요가 있다. 우리는 동리 밖에 거하는 나병환자요, 변두리에서 구걸하는 소경 거지요, 하나님의 음성을 들어야 할 귀머거리다. 하나님의 위대한 은혜에 비추어

---

6) Charles Spurgeon, Sermon No. 1300, 1876년 6월 18일 뉴잉턴, 메트로폴리턴 태버너클 교회에서; Christian Buckley와 Ryan Dobson, *Humanitarian Jesus* (Chicago: Moody, 2010), 21에 인용됨.

볼 때, 우리는 자신에게 주어진 하나님의 크신 은혜가 주변 사람에게 전해져야 함을 깨닫는다.

선지자적 증언을 잊지 말라

우리 교회는 인종주의와 관련하여 오점을 남겼던 적이 있다. 50년 전, 남부침례교 목사들은 여러 유형의 세속성을 비판하는 설교를 했다. 그러나 많은 목사가 전혀 거론하지 않는 악이 있었다. 디프사우스 전역의 작은 마을들에서는, 주일 저녁의 편안한 교회 분위기와는 달리, 아프리카계 미국인들이 나무에 매달리곤 했다. 하지만 그 일에 대해 한마디도 언급하지 않는 목사들이 많았다. 대다수의 그리스도인은 인종차별적인 그 광경을 묵묵히 받아들였다. "예수님이 흑인이든 백인이든 황인이든 모든 아이를 사랑하시네."라고 노래하면서도 인종차별을 태연히 인정했다. 요란한 설교 메시지가 나올 법한 상황이었지만 너무 조용했다.

> 정적주의 복음은 언제나 선지자적 증언을 배제한다.

정적주의 복음은 언제나 선지자적 증언을 배제한다. 자유주의자들은 복음 선포의 역사성을 부인하며, 예수님이 하나님께로 인도하는 유일한 길이시라는 진리를 거부한다. 그런가 하면, 자유주의적 정적주의자들은 "복음은 내게 진실일 뿐 모든 이에게 진실인 것은 아니다."라고 말한다. 이렇게 말하는 사람이 예수님의 배타적인 메시지를 점점 더 싫어하는 이 세상에서 선지자적 사역을 감당할 수는 없는 일이다.

보수주의자들은 특정한 죄들을 비판함으로써 선지자적인 모습을 보이기도 한다. 하지만 종종 그들은 복음 선포를 개인의 성취와 연관시키며 교회에서는 공적인 언급을 자제해야 한다고 말한다. 디트리히 본회퍼는 이런 종류의 침묵을 강력히 질타했다. "보이지 않는 곳으로 날아드는 것은 소명을 거부하는 태도다. 자신을 숨기려 하는 신앙 공동체는 예수님 따르기를 중단한 셈이다."7)

복음 선포의 핵심에 속하는 객관적이고 공적인 측면을 간과하면, 우리는 특정한 사명을 감당할 수 없게 된다. 복음을 정치적인 주장과 혼동해서는 안 되지만, 사회의 불의에 대한 무관심을 복음으로 이해한다면 우리는 복음 선포의 중대 의미를 놓치는 것이다.

예수님을 구주와 주님으로 선포하는 것은 다른 모든 세력을 그분의 보좌 앞에 복종시킴을 뜻한다. 예수님을 주님으로 높이는 것은 다른 사람을 속박하는 이 세상의 모든 권력과 세력을 무너뜨림을 뜻한다.

D. A. 카슨의 말이 옳다. "창조로 인해 우리가 육체를 입었고 우리의 궁극적 소망은 새 하늘과 새 땅에서의 부활의 삶이다. 그러므로 하나님과 화목해지고 왕이신 예수님의 주권에 복종하는 것을 고작 사적인 경건으로 국한시킬 수는 없다."8)

복음은 권력자를 포함한 모든 사람을 위한 진리의 말씀이다. 세례 요한은 천국 복음을 설교했고 사람들에게 회개를 촉구했다. 왕의 부도덕한 생활을 비난하다가 투옥되었고 나중에는 목이 잘렸다.

오늘날 교회는 세상의 죄를 지적하고 우리 '모두를' 복되게 하는 복음을 전함으로 복음 선포의 공적 특성을 유지한다. 레슬리 뉴비긴은 이렇게 말했다. "복음 설교는 예수님을 따름으로 악의 지배에 도전하게 하

---

7) Dietrich Bonhoeffer, *The Message of the Sermon on the Mount*(Downers Grove: InterVarsity Press, 1978), 62에서 John R. W. Stott에 의해 인용.
8) D. A. Carson, *Christ and Culture Revisited*(Grand Rapids: Eerdmans, 2008), 228.

며, 그렇게 하지 않는 것은 왜곡된 설교다."[9]

당대의 불의를 담대히 지적했던 용감한 사람들이 많다. 전 역사에 걸쳐, 그리스도인들은 권력자들에게 진실을 말했다.

믿음의 선조들은 고대 로마의 영아살해 관습을 용감하게 비난했고, 쓰레기더미에 버려진 아기들을 구출했다. 영국에서는, 윌리엄 윌버포스나 존 웨슬리 같은 사람이 노예무역의 참상을 폭로했고, 소위 '열등한' 사람들의 권리를 위해 싸울 그리스도인 그룹들을 조직했다. 마틴 루터 킹 같은 목사들은 인종의 차이에 상관없이 모든 인간이 하나님의 형상을 지녔음을 상기시켰다. 오늘날에도 인신매매와 성 노예를 근절하기 위해 그리고 아프리카에서 에이즈를 제거하기 위해 많은 그리스도인이 활동하고 있다.

제3제국의 발흥기에 모든 그리스도인이 침묵하진 않았다. 디트리히 본회퍼는 은혜의 복음에 사로잡혔다. 그는 히틀러에 대항하는 단체를 결성했고, 결국 자신의 목숨을 저항의 대가로 지불했다. 1933년에 남겼던 강력한 설교 메시지에서, 그는 참된 복음 선포가 민족주의의 그늘에 가려진 사실을 깨달을 것을 자신의 동포에게 호소했다. 그는 복음 선포와 함께 복음 공동체의 강력한 증언이 사라지고 있음을 직시했다. 그리고 그리스도의 주권을 다시금 강력히 고백할 것을 교회들에게 호소했다.

> 무관심한 여러분, 교회를 잃어버린 여러분이여 돌아오시오. 성경으로 돌아갑시다. 함께 교회를 찾아 나섭시다. ……인간 이성이 붕괴되는 이 시대는 교회를 일으켜 세워야 할 위대한 때이기도 합니다.

---

9) Lesslie Newbigin, *Truth to Tell*(Grand Rapids: Eerdmans, 1991), 73.

……교회여, 교회로 남으라. ……고백하라! 고백하라! 고백하라![10]

부족주의 대신 사명에 충실하라

세계에서 가장 오래된 수도원 중 하나는 성 캐서린 수도원이다. 이집트의 시내산 자락에 자리 잡은 이 수도원은 그 지역 수도사들을 보호하기 위해 유스티니아누스 황제에 의해 건립되었다. 벽은 화강암으로 만들어졌고 높이는 8-35미터이다. 지난 세기까지도 이 수도원으로 들어가는 길은 하나뿐이었다. 땅에서 9미터 이상의 높이에 위치한 작은 문을 통해 들어갔다. 사람들은 도르래와 로프를 사용해야 했다.

이 수도원 안에는 고대의 많은 보물과 성상이 있다. 최근까지도 외부 세계와 대체로 격리된 상태였다.

우리의 교회도 점차 성 캐서린 수도원처럼 되어간다. 특유의 사명보다 자체 보존에 초점을 맞추는, 문 없고 요새화된 단체로 변해가는 것이다. 우리 마음은 부족주의로 향한다. 우리와 비슷한 사람들과 함께 모이며, 하나님이 주신 사명보다 자신에게 관심을 집중하려는 성향이 있다. 복음의 빛을 비추는 창문을 세워야 하는 상황에서 자신을 비추는 거울을 세우고 있다.

하나님은 교회가 복음 선포에 따라 살아가는 천국의 모형이 되기를 원하신다. 정적주의 복음은 교회를 컨트리클럽으로 바꾼다. 복음 선포에 수반되는 사명보다는 자기 부족의 보존과 위로에 초점을 맞춘다.

나는 하나님의 백성이 전함의 정신 또는 유람선의 정신을 갖는다는 말을 들은 적이 있다. 둘 다 항해하지만, 그 항해의 목적은 전혀 다르다. 전

---

10) Eberhard Bethge, *Dietrich Bonhoeffer*(New York: Harper & Row, 1970), 228.

함은 다른 이들을 위해 존재한다. 적의 영역으로 침투하여 지휘관의 명령에 따라 싸울 준비가 되어 있다.

유람선은 승객의 안락을 위해 존재한다. 호화로움과 안락함이 가장 중요하며, 모든 승객은 편안하고 기억에 남을 만한 여행을 즐기려 한다.

> 정적주의 복음은
> 교회에 유람선 정신을 주입한다. ⋯
> 개인적인 안락을 위한 메시지로 전락한다.

정적주의 복음은 교회에 유람선 정신을 주입한다. 그리스도의 십자가와 부활은 개인적인 안락을 위한 메시지로 전락한다. 정적주의 복음을 받아들이는 자들은 기억에 남을 만한 흥겨운 경험을 예배의 핵심 가치로 여긴다. 신학사상을 사명 성취에 도움을 주는 것으로 보기보다는 교리 자체를 위한 신학적 논쟁을 즐긴다. 정적주의자들은 세상의 빛과 소금으로 흩어지게 하는 기반으로서의 모임을 갖는 것이 아니라, 외부 세계로부터 자신을 차단하며 복음 선포의 선지자적 특성을 무시한다.

튤리안 차비진은 부족의식을 가진 사람과 사명의식을 가진 사람의 차이점을 설명한다.

부족적인 사고방식을 가진 공동체의 최고 가치는 '자기 보존'이다. 부족 공동체는 오로지 자체만을 위해 존재하며, 그 구성원은 줄곧 "우리와 다른 사람들로부터 어떻게 우리 자신을 지킬 수 있을까?" 하고 묻는다.

균형을 잃은 애국심에서도 부족주의적 사고방식을 엿볼 수 있다. 그것은 절대적인 원칙보다는 개인적이고 문화적인 취향을 더 중시

한다. '모든 사람이 우리와 더 비슷해진다면, 이 세상은 더 나은 곳이 될 것이다.'

그러나 사명의식을 지닌 공동체에서는, 최고의 가치가 자기 보존이 아니라 '자기 희생'이다. 사명 공동체는 자체를 위해서가 아니라 다른 사람을 위해 존재한다. 그것은 다른 사람을 위해 기꺼이 불편과 곤경을 감수하며 헌신한다.[11]

복음 선포의 진실성을 고수하라

"하나님을 시험해보라."

"다른 것들에서 행복을 찾지 말고, 하나님께 해결책을 구하는 것이 어떻겠는가?"

"예수님은 최선의 삶의 방법을 보여주기 위해 오셨다."

이런 말들을 사용하는 복음 전도 메시지를 들을 때 나는 머리를 긁적인다. 이런 말들이 '치유 복음'이나 '정적주의 복음'의 범주에 속하는지는 확신할 수 없다. 내가 여기서 이 말들을 언급한 것은, 이들이 전도의 이유가 기독교의 유용성 때문임을 암시하기 때문이다. 하지만 그것은 사도들의 복음 선포 방식이 아니다.

우리가 복음을 선포하는 것은 그것이 유용하기 때문이 아니라 참되기 때문이다. 유용하든 않든, 복음은 진리이다. 뉴비긴은 이렇게 말한다. "좋을 뿐 아니라 참되기도 한 소식을 선포하는 것이 참된 복음 전도다."[12]

복음을 나눌 때, 우리는 새로운 종교적 경험을 시도해보도록 초청하는

---

11) Tullian Tchividjian, *Surprised By Grace: God's Relentless Pursuit of Rebels* (Wheaton: Crossway, 2010), 134, 135.
12) Newbigin, *Truth to Tell*, 52.

것이 아니다. 계속 진행되어온 어떤 일에 관한 소식을 선포하는 것이다. 우리가 선포하는 진리는 일반적으로 받아들여지는 모든 개념을 뒤엎을 정도로 파격적이다.

> 우리가 선포하는 진리는 일반적으로 받아들여지는 모든 개념을 뒤엎을 정도로 파격적이다.

복음의 우둔해보이는 특성을 감추려하지 말라. 우리는 2,000년 전에 십자가에 못 박혔다가 죽은 자 가운데서 살아나신 이를 믿을 것을 21세기 사람들에게 권하고 있다. 예수님의 부활은 깜짝 놀랄 만한 이야기다.

교회에서 '복음만을 설교할' 필요가 있다고 말하는 자들은 대개 '복음'을 순전히 영적이며 개인적인 의미로 이해한다. 그러나 예수 그리스도께서 죽은 자 가운데서 살아나셨다고 하는 소식의 의미를 제한해서는 안 된다. 이사야, 아모스, 에스겔 같은 구약 선지자들은 궁핍한 자를 돌보며 경제적 불공평을 중단하고 진심으로 하나님을 섬기라는 선지자적 당부를 복음 선포와 자연스럽게 결부시켰다. 세례 요한과 사도 야고보도 죄를 회개할 것을 사람들에게 당부했고, 회개할 죄악들을 구체적으로 열거했다. 예수님은 선한 사마리아인에 관한 이야기에서 사마리아인과 유대인 간의 인종차별 문제를 지적하셨다.

노예제와 흑인 차별법에 대한 논쟁을 기피했던(혹은, 노예제와 인종차별을 지지했던) 미국 남부 그리스도인들은 복음을 사유화하고 있었다. 반면에, 힌두교도의 과부화형 풍습을 비판하고 나섰던 선교사들은 성경적 신념을 따름으로써 그들의 복음 선포의 진실성을 뒷받침했다.

복음 선포의 의미를 개인의 종교적, 영적 삶에 국한시키는 것은 마치

원자탄 폭발의 엄청난 결과를 자그마한 상자 속에 담아두려는 것과 같다. 복음 선포는 우리의 자기 의와 교만을 부숨과 아울러 자신의 삶과 사회의 모든 영역으로 관심을 돌리는 사랑의 변혁을 일으킨다. 복음은 교회를 탄생시키고, 교회에게 이 복음이 맡겨진다. 적절히 선포될 때, 복음은 우리 사회의 가설들에 대해 근본적인 물음을 유도한다.

복음은 가난한 이에게 관대할 것을 당부한다. 억압받고 힘없는 자들 편에 설 것을 당부한다. 낙태, 성 노예로 팔리는 어린 여아들, 그리고 인간 생존을 위협하는 환경 파괴는 우리 마음을 아프게 한다. 복음 선포는 현재의 세계 속으로 침투하는 하나님의 새 세계에 관한 내용이다. 복음 이야기는 우리를 세우고, 복음 선포는 우리를 변화시킨다.

정적주의적 위조품에 대한 해결책은 공적 논의를 기피하지 않는 것이다. 대신에, 우리 교회들이 선지자적 증인 역할을 할 수 있도록 복음 선포의 모든 의미를, 특히 성령의 열매를 받아들여야 한다.

어둠 속의 빛

기독교 교회는 세상의 유익을 위해 세상에 대항해야 한다. 세상에 대항하는 방식은 상황에 따라 다를 수 있다. 그러나 복음의 공적 진리에 따라 살아가는 교회의 증언은 매우 강력하다.

루마니아에서 살 때, 나는 공산주의 치하에서 산 삶의 이야기를 종종 들었다. 비밀경찰에 대한 두려움 때문에 마을 사람들은, 그들 중의 밀고자를 찾아내기 위한 방안을 치밀하게 모색했다. 공산주의 지도자들은 특히 그리스도인들에게 적대적이었다. 많은 학생과 목사를 투옥시켰다.

니콜라에 차우셰스쿠가 1970년대에 정권을 잡았다. 독재 기간 동안, 그는 루마니아를 황폐해지게 했다. 천연 자원을 얻기 위해 땅을 강탈했고, 너무 많은 식량을 수출하여 국민을 굶어죽게 했다. 1980년대에, 그는 '조직화'라는 끔찍한 계획을 세웠다. 그의 지시에 따라, 정부 관리들이 수천 개의 마을을 파괴하고 그 주민을 아파트 건물로 이주시켰다. 종종 이 아파트의 히터와 전기가 작동하지 않았다. 뜨거운 물이 제한되었다. 휘발유와 빵마저 제한되었다.

새 집을 짓기 위해 20년 동안 돈을 모았던 한 가족 이야기가 기억난다. 그들이 집을 짓자마자 정부가 꿈 같았던 그 집을 압류하여 불도저로 밀어버렸다. 그리고 그 가족을 차가운 아파트로 이주시켰다. 루마니아 사회의 권리침해 수위는 심각했다.

하지만 이 캄캄한 어둠 속에서도, 교회들에는 복음의 빛이 비쳤다. 나의 장인은 공산당 관리였고 침례교 부흥회에 감시 요원으로 파견되었다. 그리스도를 믿는 자들의 명단을 적기 위해서였다. 하지만 그는 복음을 듣고서 기독교로 개종했고 공산당을 탈퇴했다. 그날 저녁에 그의 이름도 감시 명단에 올랐다.

이 기간 동안 다른 교회들도 반문화적 증언을 왕성하게 전개했다. 티미쇼아라 소재의 헝가리 개신교회 목사인 라슬로 토우크는 대학생들과 복음을 나눔으로써 교회에 새로운 활력을 불어넣었다. 여러 달에 걸쳐 말씀을 전한 후에, 그는 새 회심자들에게 세례를 주기 시작했다.

공산주의자들은 결국 교회들이 무관심해지기를 기대했다. 공산당 지도자들은 교회들에 정적주의적 경향을 부채질했다. 그리스도인들로 하여금 내세에 골몰함으로써 공산주의 철학의 통치 논리에 의문을 제기하지 않도록 하려는 의도에서였다. 토우크의 교회는 공산주의자들에게 위협적이었다. 기독교 신앙을 받아들이는 젊은이들이 권력자들에게는 위협 요인이었다.

비밀경찰이 교인들을 위협했다. 목사를 협박하고 그의 가족을 핍박했다. 마침내, 토우크를 자그마한 마을의 교회로 좌천시키라는 법정 판결이 선고되었다. 12월 어느 주일에, 토우크는 자신이 떠나게 되었음을 교인들에게 알렸다.

닷새 후인 1989년 12월 15일, 비밀경찰들이 토우크와 그의 아내를 시골 지역으로 데려가려고 찾아왔다. 하지만 그들은 집에 들어갈 수 없었다. 수십 명의 교인들이 그의 집을 둘러싸고 경찰들을 막았다. 저녁이 지나면서 점점 더 많은 사람이 합류했다. 촛불을 밝히고 믿음의 찬양을 불렀다. 다른 그리스도인들도 그 저항에 참여했다. 마침내, 그 차가운 겨울밤의 어둠을 수백 개의 촛불이 환하게 밝혔다.

그 후 저항자들의 수효가 늘었다. 비밀경찰이 마침내 토우크 가족을 제거하기 위해 무력을 동원했지만 너무 늦었다. 평화적인 저항자들에게 군대가 발포할 때쯤에, 이미 루마니아 혁명이 시작되었다. 며칠 내에, 차우세스쿠가 쫓겨났다. 루마니아는 자유로운 성탄절을 맞았다.

그 혁명이 어떻게 시작되었는가? 복음 선포의 진실을 이해했던 한 목사와 작은 교회에서 시작되었다. 젊은 공산당 관리였던 나의 장인을 사로잡았던 것도 같은 메시지였다. "예수 그리스도께서 구주와 주님이시다." 어떤 사람이 권력을 잡고 있든, 더 큰 권력을 지닌 분이 계신다. 그 선포는 오늘날 삶의 모든 영역에 적용된다.

| 이 장과 관련된 성경 말씀 |

사회의 빛인 교회

시편 67편; 마태복음 5:13-16, 28:19; 요한복음 17장; 사도행전 1:8

부활의 결과

로마서 6:1-14, 8:1-25; 고린도전서 15장; 에베소서 1:15-20, 6:10-20; 빌립보서 3:20, 21; 골로새서 1:15-23; 디도서 2:11-14

예수님의 주되심

마태복음 28:18; 사도행전 4:12; 로마서 10:9; 빌립보서 2:10, 11

다른 사람 보살피기

마태복음 25:31-46; 누가복음 4:18, 19, 5:31, 32, 6:20-26, 9:57, 58, 10:25-27, 14:12-24; 고린도전서 1:26-31; 야고보서 1:27, 2:14-17

PART

3

공동체

복음 공동체 | 행동주의 복음 | 무교회 복음

교회는 볼 수 있게 된 복음이다.
_마크 데버

CHAPTER
7
복음 공동체

진리

예일대학을 나온 무신론자가 복음주의 그리스도인들을 접하면 어떤 생각을 할까? 지나 웰치의 경우가 한 예이다. 그녀는 회심 체험을 한 것처럼 속이고 세례를 받았다. 그리고 버지니아 주 린치버그 소재의 토머스로드 침례교회에 2년 동안 출석했다. 『신자들의 땅에서: 한 외부인의 복음주의 교회의 심장부로의 특별한 여행』이라는 책에서 그녀는 자신의 이야기를 소개한다.

이런 책에 대해 처음 들을 때, 당신은 이렇게 생각할지도 모른다. '재밌겠군! 복음주의자들의 위선을 드러내기 위해 일부러 기만적인 일에 가담한 어떤 사람의 폭로 내용이군.' 그러나 책을 다 읽은 후에, 나는 복음주의자들에 대한 웰치의 묘사에 기쁨을 감출 수 없었다.

가장 흥미로웠던 것은 기독교 공동체의 활기찬 모습에 관한 지나의 설명이었다. 그녀는 자신도 교회의 일원이 됨으로써 행복해지고 싶은 마음을 피력한다. 그녀는 자신의 교회 친구들에 대해 이렇게 말한다. "그들은 줄곧 행복이 넘쳐나는 깊은 샘과 같다. 그 행복이 진심에서 우러나는 것임을 나는 믿기 시작했다. 그리고 나 자신도 그들처럼 되고 싶었다."[1]

또한 그녀는 자신의 심경을 솔직히 밝힌다. "내가 그리스도인들에게 가장 부러웠던 것은 하나님에 관한 것이 아니었다. 매주 함께 모여 가치 있는 것을 나누는 공동체였다. 이 공동체는 자신의 삶의 힘든 부분을 솔직히 토로할 수 있는 안전한 곳이며, 자신의 윤리 기준을 돌아보게 하는 곳이다. 외로움을 막을 수 있고, 자신과 비슷한 사람들이 존재함을 느끼게 하는 곳이다."[2]

아쉽게도, 지나는 기독교 공동체의 힘을 느끼긴 했지만, 여전히 외부인으로 남는 쪽을 선택했다. 하지만 그녀의 이야기는, 십자가에 달렸다가 살아나신 주 예수께 예배드리기 위해 모이는 믿음의 공동체에 특별한 무엇이 있음을 상기시켜준다. 불신자마저도 복음 공동체의 힘을 느낄 수 있다.

복음 선포는 교회를 탄생시킨다

앞에서는 복음이라는 세발의자의 두 다리를 살펴보았다. 복음 이야기가 복음 선포의 배경이 됨을 고찰했다. 그러나 이 의자의 세 번째 다리도 무시해서는 안 된다. 그것은 복음 선포가 탄생시키는 복음 공동체이다.

---

1) Gina Welch, In the Land of Believers: *An Outsider's Extraordinary Journey into the Heart of the Evangelical Church* (New York: Metropolitan Books, 2010), 152.
2) Ibid., 187, 188.

복음 전도자들이 복음의 전체적인 그림을 놓치고 이런 식으로 말하는 경우가 많다. "하나님이 당신을 사랑하시지만, 당신은 그분을 거슬러 죄를 범했습니다. 당신에게는 구속이 필요합니다. 당신의 죄로 인해 죽으신 예수 그리스도를 통해 제공되는 구속입니다. 당신이 예수님을 영접하면, 하나님과의 관계가 회복될 것이며 당신은 사후에 그분과 함께 영원토록 천국에서 살 것입니다."

이 말 속에는 그릇된 내용이 전혀 없다. 그러나 이것은 성경의 위대한 이야기를 하나님과 나에 관한 메시지로 국한시킨다. 이 메시지는 성경 내용을 충분히 보여준 것이 아니다. 자신에게 물어보라. 성경이 이스라엘에 관한 이야기를 우리에게 알려주는 이유는 무엇일까? 교회에게 보낸 서신들은 왜 그렇게 많을까? 하나님의 백성에게 율법이 주어진 이유는 무엇일까? 왜 하나님은 다윗과 더불어 언약을 맺으셨을까? 왜 성경에는 선지자들의 메시지가 수록되어 있을까?

대답은 이것이다. 하나님이 택하신 공동체를 보살피기 원하시기 때문이다. 성경 이야기는 하나님의 언약 공동체의 여정을 뒤쫓는다. 이 공동체는 세상의 빛과 소금이 되며 하나님의 이름을 영화롭게 할 사명을 지닌 자들이다. 성경의(그리고 하나님의 구원 사역의) 초점은 그가 사랑하시는 공동체에 맞춰져 있다. 그 공동체는 구약시대의 이스라엘 민족과 신약시대의 참 이스라엘(유대인과 이방인의 차별 없이 그리스도를 믿는 자들)이다. 조슈아 해리스는 이렇게 말한다.

> 세상에서 당신을 영화롭게 하시려는 하나님의 계획은 언제나 집단 계획이었다. 그는 언제나 한 민족을 구속하기로 계획하셨다. 언제나

한 민족을 통해 자신을 세상에 계시하셨다. 이는 창세기의 첫 페이지에 수록된 과거의 일이며, 요한계시록의 끝 페이지에 묘사된 미래의 일이기도 하다. 하나님은 당신의 백성 가운데 거하신다.[3]

복음 이야기와 복음 선포는 복음 공동체를 탄생시킨다. 교회는 하나님이 나중에 생각해내신 것이 아니다. 팀 체스터와 스티브 티미스라는 두 목사의 말이 옳다. "교회는……추가적이거나 선택적인 어떤 것이 아니다. 그것은 하나님의 핵심 목적 가운데 있다. 예수님은 당신의 통치 아래 사는 삶의 본보기를 보일 자들을 세우려고 오셨다. 교회는 하나님 나라의 영광스러운 전초 기지이며 천국의 대사관이다. 진정한 사람이 어떤 모습인지 세상에 보여줄 수 있는 곳이다."[4]

복음 선포는 사람을 하나님 나라에서 새로 태어나게 한다. 하나님은 교회를 통해 당신의 나라를 가시화하신다.

교회란 무엇인가

사람들은 이따금 '보편교회'라는 용어를 사용한다. 보편교회는 모든 시대에 모든 구속받은 이들을 가리킨다. 그러나 대부분의 경우에, 성경은 '지역교회'로서의 교회를 언급한다. 지역교회는 보이지 않는 보편교회의 가시적 표현이다.

'교회'에 해당하는 헬라어는 '모임'으로 번역될 수도 있다. 지역교회

---

[3] Joshua Harris, *Dug Down Deep*(Colorado Springs: Multnomah, 2010), 200.
[4] Tim Chester와 Steve Timmis, *Total Church*(Wheaton, Ill.: Crossway, 2008), 50.

는 교회의 기능을 실현하기 위해 함께 모인, 예수 그리스도를 믿는 자들의 그룹이다. 교회의 기능이란 예배, 기도, 친교, 복음 전도, 봉사, 그리고 제자화이다.

교회의 집단적 정체성은 장차 임할 하나님 나라를 증언한다. "땅에 말뚝을 박는다."는 말이 있다. 미지의 땅을 우연히 발견했던 탐험가를 연상시키는 말이다. 땅에 말뚝을 박음으로써, 탐험가들은 그 땅을 자국의 영토로 선포했다. 교회는 땅에 박힌 말뚝과 같다. 그 존재로 "하나님이 이곳의 왕이시다."라고 선포하는 것이다.

교인들은 하나님 나라의 증인으로서 복음을 선포한다. 개인적으로 복음을 전하고 다른 사람들을 회개로 인도한다. 함께 하나님 말씀을 듣는 자리로 모음으로써 복음을 집단적으로 선포한다.

또한 교회는 성례전(세례와 성찬식)을 준수함으로써 복음을 선포한다. 세례식은 그리스도의 장사되심과 부활에 관한 복음을 (상징으로) 선포하는 것이다. 성찬식은 죄인들을 구속하기 위해 상하신 그리스도의 몸에 관한 복음을 선포하는 것이다. 우리가 서로를 섬길 때, 사람들은 우리의 사랑을 보고 우리가 그리스도인임을 알게 된다.

J.I. 패커는 우리의 사명을 이렇게 요약했다. "교회의 임무는 그리스도인의 신실한 삶과 증언을 통해 보이지 않는 하나님 나라를 보이게 만드는 것이다."[5]

그렇다면 복음 공동체를 올바로 이해하려면 어떻게 해야 할까? 지역 교회에 합류하지 못하도록 복음 선포가 차단되는 것을 막으려면 어떻게

---

5) J. I. Packer, *Concise Theology: A Guide to Historic Christian Beliefs*(Carol Stream, Ill.: Tyndale, 2001), 194.

해야 할까? 교회와 관련된 네 가지 진실이 있다.

진실 1:
교회는 복음을 구현한다

교회는 복음 메시지의 구현이다. 처음부터 하나님의 계획은 당신의 통치에 순복하는 백성을 구속함으로써 그 영광을 훤히 드러내는 것이었다.

교회에 합류하는 것은 그리스도인의 선택 사항이 아니다. 지역교회는 우리가 믿는 모든 것을 실행에 옮기는 곳이다. 하나님, 우리 자신, 예수 그리스도, 그리고 회개와 믿음에 관한 우리의 신념, 이 모든 신념이 교회 생활을 통해 구체화되고 가시화된다. 마크 데버는, "하나님은 교회를 통해 당신의 복음을 밝히 드러낸다."[6]고 했다.

믿음의 공동체는 복음을 효과적으로 증언한다

불신자들이 우리가 그리스도인임을 어떻게 알까? 자동차에 붙은 물고기 마크? 범퍼 스티커? 투표 패턴? 교회 출석? 아니다. 예수님은 우리가 서로 사랑하는 모습을 보고 그리스도인인 줄 알 것이라고 말씀하신다(참조, 요 13:34, 35; 요일 4:12). 우리가 사랑으로 서로에게 복종할 때, 사랑과 권위가 반드시 분리될 필요가 없음을 세상에 보여줌으로 우리의 복음 증언을 뒷받침하게 된다. 하나님의 통치는 생명을 주는 것이다. 그는 우리의 유익을 위해 그리고 당신의 영광을 위해 우리를 다스리시며, 교회는 그

---

6) Mark Dever의 연설, "교회는 가시화된 복음이다," 2010년 4월 15일에 켄터키, 루이스빌에서 열린 복음 대회에서.

사랑의 통치를 반영한다.

복음을 효과적으로 증언하고 싶다면, 사람을 초청하여 믿음의 공동체를 살펴보도록 하라. 함께 하는 삶을 그들에게 보여주라. 서로를 대하는 방식을 통해 복음 선포의 기본 주제가 무엇인지를 보여주라.

하나님이 그의 아들의 귀한 피를 통해 우리를 용서하셨으므로, 우리도 사랑과 용서의 마음으로 다른 사람에게 우리 자신을 내어주어야 한다. 우리가 용서받았으므로 용서해야 한다. 하나님이 우리에게 약속을 지키시므로, 우리도 교인들에게 약속을 지켜야 한다. 하나님이 원수였던 우리를 위해 생명을 내어놓으셨으므로, 우리는 어떤 대가를 치르더라도 담대히 진리를 전해야 한다. 하나님이 우리를 돌보시므로, 우리도 서로를 돌본다. 하나님이 우리를 대신하여 죄악을 정복하셨기에, 우리도 억압과 핍박을 당하는 자들의 편에 선다. 그러면 공동체 바깥의 사람들이 보고 정말 다른 점이 있음을 알게 된다.

교회는 복음에 의해 탄생된 공동체이다

나는 '복음 공동체'라는 용어를 '복음 선포에 의해 탄생한 공동체'라는 뜻으로 사용한다. 교회가 복음인 것은 아니다. 우리는 복음 이야기의 문맥 속에서 복음을 선포한다. 그러나 우리는 복음의 증인일 뿐이며 복음 그 자체는 아니다.

우리의 선한 행실은 우리를 구속하신 하나님께 올려지는 향기지만, 우리의 행위 자체가 복음인 것은 아니다. 교회 자체가 복음인 것은 아니지만 복음이 교회를 형성한다. 함께 친교를 나누는 모습을 통해 우리는 세상 사람들에게 복음을 드러낸다.

진실 2:
복음은 우리를 믿음의 공동체로 연합시킨다

신약성경은 복음 공동체를 묘사할 때 여러 가지 비유를 사용한다. 우리는 '양떼'로 불린다(행 20:28). 머리이신 그리스도의 몸으로 지칭된다(고전 12:12). 교회를 건물에 비유하기도 한다(벧전 2:5). 이 비유들은 개인인 우리가 전체로서의 회중으로 연합됨을 나타낸다. 우리 각자는 양떼 속의 양으로, 몸의 지체로, 집을 구성하는 살아있는 돌로 공동체 내에서 각자의 위치를 차지한다.

성경에 수록된 이야기를 올바로 이해할 때, 우리는 하나님이 당신의 영광을 반영하는 공동체를 세우기 위해 얼마나 많은 투자를 하시는지 알게 된다. 구약시대에, 하나님은 이스라엘 백성을 불러내신다. 신약시대에는 모든 종족과 민족과 언어의 사람을 불러 당신의 아들을 믿게 하신다. 복음 선포는 우리를 믿음의 공동체에 연합시키기 위한 것이다.

세례로 한 몸이 된다

하나님은 이스라엘 자손을 애굽의 압제자 바로의 손에서 구원하실 것을 약속하신다. "너희를 내 백성으로 삼고 나는 너희의 하나님이 되리니 나는 애굽 사람의 무거운 짐 밑에서 너희를 빼낸 너희의 하나님 여호와인 줄 너희가 알지라"(출 6:7). 하나님은 그들을 향한 사랑을 입증하기 위해 구원하실 것을 약속하신다. 그들은 그의 백성이 될 것이다. 신명기 4:20에서, 모세는 "여호와께서 너희를 택하시고 너희를 쇠 풀무불 곧 애굽에서 인도하여 내사 자기 기업의 백성을 삼으신 것이 오늘과" 같다고 말한다. 하나님이 이스라엘 백성을 노예 상태에서 구원하신 것은 그들을 당신의 기업으로 삼으시기 위함이었다.

신약성경에도 같은 주제가 깔려 있다. 복음서에 의하면, 유월절 주간 동안 예수님이 우리 죄 값을 지불하기 위해 십자가로 향하셨다. 그리스도의 죽음이 단지 개인의 속죄만을 위한 것이라면, 그는 제사장이 속죄의식을 거행했던 속죄일(욤 키푸르)을 택하셨을 것이다. 그러나 예수님이 유월절을 택하신 것은 그 집단적 의미 때문이다. 속죄의 죽음, 곧 문설주에 바른 어린 양의 피는 공동체의 구원(출애굽)으로 이어져 구원받은 자들이 자유롭게 하나님께 예배드리며 그분의 영광을 반영할 수 있는 것이다.[7]

바울 서신에서는 이렇게 설명한다. "몸은 하나인데 많은 지체가 있고 몸의 지체가 많으나 한 몸임과 같이 그리스도로 그러하니라 우리가 유대인이나 헬라인이나 종이나 자유인이나 다 한 성령으로 세례를 받아 한 몸이 되었고 또 다 한 성령을 마시게 하셨느니라"(고전 12:12, 13). 우리는 세상에서 개개의 그리스도인으로 세례를 받는 것이 아니다. 세례를 받고 공동체에 연합된다.

존 스토트는 초대교회 당시 성령의 사역에 대해 언급한다. "주께서 구원받는 사람을 날마다 더하게 하셨다. 그는 구원받지 않은 사람은 교회에 더하지 않으셨고, 구원받은 사람은 반드시 교회에 더하셨다. 구원과 교회 구성원으로서의 소속은 불가분적이었다. 지금도 마찬가지다."[8]

복음은 우리를 가족으로 연합시킨다. 이신칭의는 두 가지 차원을 지닌

---

7) Scot McKnight, *A Community Called Atonement* (Abingdon: 2007), 86.
8) John Stott, *The Living Church* (Downers Grove, Ill.: InterVarsity, 2007), 32.

다. 구원의 차원과 연합의 차원이다. 우리를 대신하신 그리스도의 순종하는 삶과 희생적인 죽음 때문에 우리는 의로운 존재로 선포된다. 또한 우리는 그리스도를 믿는 믿음의 공동체에 연합된다. 조셉 헬러먼은 이렇게 말한다. "우리는 의로워졌고 가족이 되었다 – 하나님의 가족으로 입양되었다."[9)]

우리의 칭의에는 수직적인 측면이 있다. 즉 '우리는 하나님과 화목해졌다.' 그 다음에는 수평적인 차원으로 이끈다. 즉 '우리는 서로 화목해졌다.'

복음은 나를 위한, 우리를 위한, 하나님을 위한 것이다

몇 년 전에, 나는 한 청소년 캠프에 상담자로 자원했다. 캠프 장소로 버스를 타고 가면서, 다른 상남자 중 한 명과 대화를 나눴다. 그녀는 자신이 그리스도를 믿게 된 경위를 얘기했다. "나는 가톨릭 학교와 교회에 다니면서 자랐어요. 예수님이 누구신지 나는 알았죠. 내 마음속에는 하나님을 경외하고 두려워하는 마음이 있었고요. 나는 예수 그리스도께서 세상 죄를 위해 십자가에서 죽으셨음을 믿었습니다."

그런 후에 그녀는 말을 멈추었다. 입술이 가늘게 떨렸다. "하지만 예수께서 '나를 위해' 죽으셨음을 나는 결코 깨닫지 못했답니다." 계속된 이야기에 의하면, 그녀는 한 기독교 콘서트에 참석하여 복음 메시지를 들었다. 예수님에 관한 그녀의 모든 지식이 개인적인 것이 되었다. 그녀의 마음은 그리스도께서 '그녀를 위해' 죽으셨다는 영광스러운 진리에 온통 사로잡혔다. 마르틴 루터는 '나를 위해'라는 문구를 매우 중시했다.

---

9) Joseph Hellerman, *When the Church Was a Familly* (Nashville: B & H Group, 2009), 132.

이 문구는 종교개혁의 핵심이다. 우리들 '각자'를 향하신 하나님의 사랑이 우리의 완악한 마음을 뚫고 들어와서 지속적인 변화를 일으키기 때문이다.

흥미롭게도, 이 여성의 얘기를 들었던 그 여름에 나는 반대 방향으로 깨달음을 얻었다. 평생 동안 복음주의 교회에서 자랐던 나는, 그리스도께서 '나를 위해' 죽으셨다는 진리를 당연한 것으로 받아들였다. 그 진리는 거듭 강조되었고, 오래 전에 내 마음을 사로잡았다. 나를 점점 더 감동시키고 있었던 것은 그리스도께서 '우리를 위해' 죽으셨다는 진리였다. 그리스도의 죽음으로 교회를 신부로 사셨다는 사실을 나는 성경에서 깨닫기 시작했다. 더욱이, '우리를 위한' 이 행동은 궁극적으로 '하나님과 그분의 영광을 위한' 것

> 복음은 '나를 위한' 것이기 이전에 '우리를 위한' 것이며, '우리를 위한' 것이기 이전에 '하나님을 위한' 것이다.

이었다. '나를 위한' 그리스도의 죽음은 내가 생각했던 것보다 훨씬 더 위대한 사건이었다. 그것은 '우리를 위한' 그리고 '하나님을 위한' 것이기도 했다.

종종 우리는 복음의 '나를 위한' 측면을 '우리를 위한' 측면이나 '하나님을 위한' 측면과 분리시킨다. 흔히 우리는 복음을 개인적인 구원에 관한 메시지로 축소시킨다. 그래서 하나님의 핵심적인 계획에 포함된 복음 공동체를 염두에 두지 않는다. 복음은 '나를 위한' 것이기 이전에 '우리를 위한' 것이며 '우리를 위한' 것이기 이전에 '하나님을 위한' 것이다. 궁극적으로 그것은 모두 하나님과 그분의 영광을 위한 것이다. 하나님이 그 아들의 피 값으로 교회를 사신 것도 당신의 영광을 드러내기

chapter 7 _ 복음 공동체

위함이다.

'나를 위한' 측면만을 강조하면 개인 구원에 초점을 맞추는 개인주의적 메시지가 된다. 교회는 복음 메시지 가운데 선택적이며 부수적인 위치로 밀려난다. 반면에, '우리를 위한' 측면과 '하나님을 위한' 측면을 강조하면 복음 메시지가 개인적 차원으로 전락하지 않을 것이다. 두 가지 측면, 즉 개인적인 면과 단체적인 면을 함께 고려할 때 복음을 성경적으로 이해할 수 있다. 그리고 이 세 가지 측면을 모두 중시할 때, 우리의 개인적인 구원 이야기가 영원한 의의를 띠게 된다. 왜냐하면 그것이 자애로우신 창조주의 계획에 따라 전개되는 위대한 드라마 속에 편입되기 때문이다.

진실 3:
복음 공동체는 하나님 나라의 백성으로 구성된다

오래된 교회 건물을 그려보라. 교회의 뾰족탑이 창공을 향해 서 있다. 비바람에 낡은 외관이 그 오랜 세월을 말해준다. 문들은 열려 있지만, 건축물에 관심 있는 여행객들만 드나든다. 마룻바닥은 삐걱거리고, 신도석에는 먼지가 자욱하다. 강대상은 만질 수 없도록 유리 상자로 덮여 있어 박물관에서 느끼는 호기심을 자아낼 뿐이다.

이 오래된 박물관인 교회의 가장 특이한 광경은 교회 바깥의 묘지이다. 우리는 이렇게 생각할 수도 있다. '20세기의 세련된 그리스도인으로서 매주일 무덤을 지나 예배당으로 들어가기는 꺼림칙하다. 당시의 교인들이 음울한 분위기에 친숙했기에 죽은 자를 예배 장소 바로 곁에 묻

었을 것이다.'

하지만 묘비에 새겨진 다음과 같은 글귀는 그런 예상을 깨트린다. "예수님과 함께 나는 다시 살아날 것이다", "무덤이 나를 여기에 가두어두지 못한다. 그리스도께서 부르실 때 나는 반드시 일어난다!", "구속주가 살아계심을 나는 알고 있다."

그 묘지가 교회 바로 곁에 위치한 것은 교인들이 죽음에 몰두했기 때문이 아니다. 도리어 새 삶을 기대했기 때문이다. 그 묘비들은 '부활이 다가온다!' 고 하는 가슴 벅찬 진실을 게시한다. 사망의 쏘는 침이 꺾였다. 새 하늘과 새 땅에 관한 하나님의 약속들이 곧 실현될 것이다.

교회는 부활의 사람들의 모임이다

대부분의 복음주의 교회들에서 마지막 부활에 관한 가르침은 오래 전에 사라졌다. 우리가 죽은 자 가운데서 다시 살아남을 언급할 때, 그것은 대부분 예수님의 부활에 관한 내용이다. 서글프게도, 우리는 예수님의 부활을 우리의 부활과 연결시키지 않는다. 장차 경험할 우리의 부활을 잊어버린다면, 부활절 메시지는 그 힘을 잃게 된다. 또한 우리는 현재 이 땅에 존재하는 교회의 영광도 제대로 이해하지 못한다.

다시 사신 예수님을 보았을 때, 제자들은 그가 지상 왕국을 일으켜 세우실 거라 생각했다(사도행전 1:6-8에 의하면, 물론 그들은 언제 그 일이 전개될지 혼란스러워했다). 예수님의 부활은 하나님의 새 세계의 시작을 알렸던, 언젠가 하나님이 사망의 저주를 파하고 택하신 자들을 영원히 썩지 않는 몸으로 다시 살리실 것임을 예고했던 사건이다. 죄와 부패함이 계속 존재하겠지만, 새 시대가 시작되었다.

성경은 메시아의 과거가 우리의 미래라고 가르친다. 예수님의 부활은 언젠가 모든 그리스도인이 경험할 부활의 전조, 즉 첫 열매이다(고전 15:20). 메시아와 관련된 사실은 우리와 관련된 사실이기도 하다(딤후 2:11).

마지막 부활은 그리스도인의 소망이 사후의 몸을 떠난 상태보다 훨씬 더 풍성함을 상기시킨다. 우리가 보통 '하늘나라'라고 말하는 것은 신약성경 기자들이 염두에 두었을 것으로 보이는 '중간 상태'에 해당한다. 마지막 날의 부활 때까지 구원받은 자가 머무는 곳이다.[10]

최종적으로 인생이 하늘로 가서 하나님과 함께 거하는 것이 아니다.

이 '낙원'을 '잠든 영혼'의 거처로 생각할 필요는 없다. 바울은 몸을 떠나면 주와 함께 있게 된다고 말했다(고후 5:8). 사도들에 의하면, 사후의 일시적인 상태가 좋긴 하지만 영광스러운 새 하늘과 새 땅으로 향하는 길에 거치는 정거장일 뿐이다.

종종 우리는 사후의 일시적인 상태 그 이후의 삶-새 하늘과 새 땅에서의 삶-에 대해 대충 보고 지나치기 때문에 큰 그림을 놓친다. 우리는 마치 그랜드캐니언으로 향하는 여행자들과 같다. 도중에 힐튼 호텔에서 하룻밤을 지낸다. 힐튼 호텔은 우리의 관심을 잔뜩 끌 정도로 근사하다. 하지만 그곳은 목적지로 향하는 도중에 잠시 머무는 숙소일 뿐이다.

내생에 대해 성경은 이 땅에서 벗어나 하늘로 가는 것으로 보지 않는다. 도리어 이 땅에 하늘이 내려오는 것으로 본다. 새롭게 창조되고 변형된 땅으로 새 예루살렘이 내려오는 것이다(계 21:2). 우리의 몸을 벗어버리는 것이 아니라 우리 몸이 썩지 않는 몸으로 변화된다(고후 5:2-4). 최종

---

10) 요한복음 14장에서 예수님은 천국을 가리켜 많은 방들을 구비한 아버지의 집이라고 말씀하신다. 이 헬라어는 지친 여행자가 더 중요한 목적지로 가는 길에 잠시 쉬는 곳을 시사한다.

적으로 인생이 하늘로 가서 하나님과 함께 거하는 것이 아니다. 하나님이 하늘로부터 오셔서 사람과 함께 거하신다(계 21:3, 4).

한때 묘지가 교회 주변에 위치했던 것은 장차 관들이 열릴 것이라는 믿음 때문이었다. 썩어 뼈만 남은 시신들이 죽음과는 무관한 새로운 몸으로 변화될 것이었다. 신자들은 나팔 소리가 울릴 때 교회 건물 곁에서 다시 살아나기를 원했다.

어떤 묘비에는 이렇게 적혀 있다. "마지막 나팔소리가 흥겹게 울릴 때까지, 내 육신은 땅 속에 잠들 것이다. 나팔소리가 나면 사슬이 풀리고 주님을 닮은 형상으로 일어날 것이다!" 또 다른 묘비에는 '기다림'이라고만 적혀 있다. 묘하게도, 묘비가 최근에 세워진 것일수록 그리스도인의 영광스러운 소망에 관한 언급이 더 적다. 교회가 부활에 관한 언급을 점차 회피했던 것이 분명하다. 교회가 박물관으로 변한 것도 아마 이 때문일 것이다.

교회는 하나님 나라의 식민지 개척자이다

교회는 예수 그리스도가 메시아 왕이시라는 사도 베드로의 고백에 동의한다. 사도 바울은 우리가 천국 시민이라고 한다. 우리는 천국 시민권을 '다른 곳에 있는 본향'의 개념으로 생각한다. 하지만 이것은 적절한 개념이 아니다.

종종 우리는 이렇게 말한다. "하늘나라가 나의 본향이다. 이 땅은 잠시 머무는 곳일 뿐이다." 성경적으로는 거꾸로 말해야 한다. 우리의 최종 목적지는 의로 가득한 새 '땅'이다(벧후 3:13). 앞서 간 자들은 이미 주님과 함께 거하며, 몸의 부활과 만물의 최종적 회복을 기대하며 기다리고 있다.

우리는 하늘나라를 위해 지음받은 것이 아니다. 땅을 위해 지음받았다. 특히, 우리는 땅 위의 천국을 위해 지음받았다. 교회는 장차 임할 하나님 나라의 식민지이다. 청교도들이 신세계로 가서 13개 식민지를 세웠을 때, 그들은 그곳에 머물다가 고향인 영국으로 돌아갈 생각이 아니었다. 신세계를 자신의 고향으로 여겼고, 최상의 영국 문화를 그곳에 심기 위해 온갖 노력을 다 기울였다. 그들은 모국을 위해 미국을 식민지로 만들었다.

마찬가지로, 우리는 참되신 왕의 대사들로서 복음 선포에 따라 살아간다. 이 땅에서 신실하게 삶으로써 사람들에게 천국의 삶을 넌지시 보여 주어야 한다. 우리는 장차 임할 새 세상의 향기이자 마지막 심판에 대한 경고의 역할을 해야 한다. 교회는 예수 그리스도의 나라를 드러내며 확장하는 곳이다.

우리가 사막 가운데 있는 마을에서 산다고 가정하자. 어느 날, 누군가 와서 이렇게 말한다. "눈이 내릴 테니 대비하세요! 북풍이 눈을 몰고 와 이 땅을 뒤덮을 겁니다. 새 세상처럼 변할 거예요. 그 날을 대비해야 합니다." 비록 우리가 사는 마을에는 눈이 내린 적이 없지만, 그 이상한 메시지를 믿는 사람들이 있다.

눈이 내릴 거라고 믿는 사람들은 새로운 마음으로 크리스마스 준비를 시작한다. 크리스마스 등불을 달고 제설기를 만든다. 농작물을 덮는 사람들도 있다. 대부분의 사람이 비웃지만, 그들은 모든 것이 새로워질 거라고 믿는다. 이상하게도 그들이 함께 모일 때마다 찬바람이 불기 시작하고 한 차례 눈발이 날린다.

예수 그리스도의 교회는 큰 눈이 내리기 전에 한 차례 흩뿌리는 눈발과 같다. 그리스도인들은 장차 도래할 세상을 생각하며 살아간다. 우리가 함께 모일 때, 우리 가운데 불어오는, 우리를 변화시키고 주변 세상을 새롭게 하시는 성령의 바람을 느낀다. 또한 그날 하나님의 임재에 동반될 심판을 사람들에게 경고한다. 교회는 천국의 식민지이며, 우리의 함께 하는 삶은 이렇게 선포한다. "회개하시오. 여러분의 죄로 인해 죽으신 메시아, 왕을 믿으시오. 그리고 다가오는 나라를 위해 준비하시오!"

복음 공동체는 십자가 아래서 연합한다

1990년대의 르완다 대학살 기간 동안, 후투족과 투치족 출신의 10대 학생들이 다니는 학교가 있었다. 어느 날, 세 남자가 총칼을 들고 학교로 들이닥쳤다. 학생들은 공포에 사로잡혔다. 남자 중 하나가 소리쳤다. "후투족과 투치족으로 갈라서라."

파누엘이라는 남자아이는 곧 일어날 수 있는 일을 우려했다. 『우리가 용서한 것같이』의 저자인 캐서린 라슨은 그 다음에 전개된 일을 묘사했다.

> 파누엘은 심장이 가슴 밖으로 터져 나오는 것 같은 느낌이었다. 그는 후투족으로서 몇 마디 말을 하면 생명을 구할 수 있을 것임을 알고 있었다. 하지만 친구들을 배신할 수 없었다. 또한 그리스도인으로서 자신만 빠져나올 순 없다고 생각했다. '주님, 저를 도와주세요.' 하고 기도했다. 남자들은 잠시 대답을 기다렸다. 하지만 파누엘

에게는 그 시간이 무척이나 길게 느껴졌다. 그때 한 음성이 들렸고 파누엘은 움찔했다.

"우리 모두는 르완다 사람입니다."라고 교실 앞쪽에 앉은 찬탈이 말했다. 총소리가 울렸다. 학생들은 숨을 죽였다. 총탄이 찬탈의 이마를 관통했다.

"후투족은 이쪽으로! 투치족은 저쪽으로!" 그 남자가 소리쳤다. ……"마지막 기회를 주겠다. 갈라서지 않으면 너희들 모두 죽을 것이다."

바로 그때 엠마누엘이 침착하고 낮은 목소리로 말했다. "우린 모두 르완다 사람입니다." 엠마누엘의 말이 미처 끝나기도 전에 총성이 울렸고, 남자들은 학생들을 향해 총을 난사했다.[11]

많은 학생이 목숨을 잃었다. 하지만 그들 중 서로를 배신한 학생은 하나도 없었다.

후투족과 투치족 학생들의 결속은 우리 그리스도인이 보여야 할 결속을 반영한다. 우리는 흑인이든 백인이든, 부유하든 가난하든, 유대인이든 이방인이든, 종이든 자유인이든, 남성이든 여성이든 모두 예수 그리스도 안에서 하나이다. "우리 모두는 그리스도인입니다!"라고 담대히 선포해야 한다.

공동체로서 함께 하는 우리의 삶은 다가오는 나라를 반영해야 한다. 인종과 사회 계층, 민족과 종족, 문화와 배경을 그리스도의 십자가 안에

---

[11] Catherine Claire Larson, *As We Forgive: Stories of Reconciliation from Rwanda*(Grand Rapids: Zondervan, 2009), 213, 214.

서 가급적 많이 연합시켜야 한다.

'나 같은 죄인 살리신'을 작곡한 존 뉴턴은 당시에 높은 사회적 신분을 지니고 있었다. 그러나 하나님의 은혜는 노예 상인이었던 그를 목사로 변화시켰고, 교회 사역에서도 계층적 차별을 없애게 했다. "그는 '적절한' 성직자 복장보다는 오래된 청색 선장 재킷을 더 즐겨 입었고, 사회적 신분에 상관없이 영적 생기를 지닌 사람들이 있는 곳이면 어디든 가서 함께 어울렸다. 한때 그는 이렇게 썼다. '때로 나는 박식한 학자들의 책들보다 주 예수님을 사랑하는 초라한 하녀의 편지에서 더 많은 빛과 온기를 느낀다.'"[12]

그리스도인들의 이 같은 연합은 십자가의 중심성을 반영한다. 우리는 예수님의 죽음과 부활에 기초한 연합을 통해, 복음 공동체를 통해 드러나는 복음 선포의 힘을 세상 사람들에게 보여준다.

진실 4:
복음 공동체는 우리의 성화가 이루어지는 곳이다

신학생 시절에, 나는 한 식당에서 일했다. 한번은 같이 일하는 동료를 교회에 초청했다. 그녀는 손을 내저으며, "교회엔 위선자로 가득해요!"라고 말했다.

나는 그 말에 동의하면서 웃으며 말했다. "맞아요. 그러니 그쪽도 우리와 함께 하는 게 옳죠. 어느 정도는 우리 모두가 위선자 아닐까요?"

그녀는 자신을 위선자라고 생각해본 적이 없었지만, 고개를 끄덕이기

---

12) Chris Armstrong, *Patron Saints for Postmoderns* (Downers Grove, Ill.: InterVarsity, 2009), 123.

시작했다. "그 말이 맞아요."

"혹시 아는 분 중에 신앙을 실제 행동으로 보여준 사람이 있나요?" 하고 내가 물었다. 그녀는 자신의 할머니와 그분의 경건한 삶에 대해 말하기 시작했다. 그리고 위선적인 교인을 멸시하는 말을 더 이상 하지 않았다.

최근에는 교회를 조롱하는 것이 유행이 되었다. 교회가 중대한 결함을 지녔음을 나도 알고 있다. 예수 그리스도의 교회는 노아의 방주에 비견된다. 내부에는 견디기 힘든 악취가 진동한다. 하지만 교회를 떠나려 하는 자들에게 나는 이렇게 묻고 싶다. "주님의 자애로우신 권위에 복종할 수 있는 곳이 달리 어디에 있겠는가? 다른 어디서 하나님이 당신을 성결케 하시겠는가?" 교회는, 그 모든 결함에도 불구하고, 우리가 서로 사랑하고, 서로를 참으며, 또한 서로의 선행을 독려하는 곳이다.

> 교회는,
> 그 모든 결함에도 불구하고,
> 서로 사랑하고…
> 서로의 선행을 독려하는 곳이다.

복음의 좋은 소식이란 하나님이 은혜로 우리를 구원하신다는 것만이 아니다. 그 구원의 은혜와 공동체 생활을 통해 우리의 삶이 변한다는 것이다. 우리는 주께 대한 공통적인 믿음의 고백으로 우리 자신을 다른 그리스도인들과 결속시킨다. 복음의 진리를 함께 단언한다. 서로를 위로하고 책망하고 사랑하며 서로에게 도전을 준다.

교회의 주요 존재 목적은 하나님의 영광이다. 하지만 교회는 우리의 유익을 위해 존재하는 곳이기도 하다. 교회는 우리의 은사를 발견하여 다른 신자들을 가장 잘 섬길 수 있도록 도와준다. 그리스도의 은혜로 구원받았다는 증거를 우리의 삶으로 보여주기 위해 교회가 필요하다. 세례와 성찬식을 통해 복음을 증언하기 위해 교회가 필요하다. 좁은 길에서 벗어나 방황하는 우리를 책망하고 바로잡기 위해 교회가 필요하다.

제자화는 암석 텀블러 속의 암석과 같다. 암석은 다른 암석들과(그리고 물과) 부딪힐수록 더 빛이 난다. 반복 과정을 통해 암석이 보석으로 변한다. 제자화는 공동체를 필요로 한다. 교회는 예수님이라는 생수와 다른 그리스도인들이라는 돌로 왕이신 그분의 영광을 반영하는 아름다운 보석이 될 때까지 우리를 다듬는 곳이다.

디트리히 본회퍼는 공동체에 대해 이렇게 썼다.

> 하나님이 우리에게 자비를 베푸실 때, 예수 그리스도를 우리에게 계시하실 때, 당신의 사랑으로 우리의 마음을 붙드실 때, 우리의 교육도 동시에 시작된다. 하나님이 우리에게 자비로우실 때, 우리도 서로 자비를 베풀어야 함을 배운다. 우리가 심판 대신 용서를 받을 때, 우리도 서로를 용서할 준비를 갖춘다. 하나님이 우리에게 하신 일은 다른 이들에 대한 우리의 빚이다. 우리는 더 많이 받을수록 더 많이 줄 수 있다. 서로를 향한 우리의 사랑이 빈약할수록 하나님의 자비와 사랑을 덜 자각한다. 따라서 하나님이 그리스도 안에서 우리를 만나시듯이 우리도 서로 만나야 한다. "그러므로 그리스도께서 우리를 받아 하나님께 영광을 돌리심과 같이 너희도 서로 받으라" (롬 15:7). [13]

---

13) Dietrich Bonhoeffer, *Life Together*(New York: HarperOne, 1978), 34.

하나님의 영광과 세상의 유익을 위해

하나님은 우리를 통해 당신의 은혜와 자비가 신앙 공동체로 흐르게 하시며, 공동체의 증언을 통해 바깥 세상으로 흐르게 하신다. 교회는 그 자체를 위해 존재하는 것이 아니다. 하나님이 맡기신 사명을 위해 존재한다. 우리의 함께 하는 삶이 하나님의 영광을 드높인다.

우리가 은혜의 복음에 사로잡히면 하나님의 아들을 향한 감사의 마음으로 가득해진다. 그는 자신을 낮추어 종의 형체를 띠셨고 십자가에 달려 죽으셨다. 우리의 삶이 용서의 향기를 발한다. 교만이 겸손으로 바뀐다. 남보다 앞서려고 내달리던 우리가 남을 섬기는 일에 앞장선다. 건방진 태도가 온유함으로 바뀐다. 십자가는 우리를 십자가에 달리신 분의 형상으로 만들어간다.

복음 공동체는 성령의 능력으로 강건해져서 구원의 좋은 소식을 전하며 세상과는 구별되게 살아감으로써 만민에게 축복이 된다.

 | 이 장과 관련된 성경 말씀 |

교회의 기초
마태복음 16:13-19; 고린도전서 3:11; 에베소서 2:20

그리스도의 몸인 교회
로마서 12:4-8; 에베소서 1:20-23; 골로새서 1:18; 고린도전서 12:12-27

하나님 나라의 식민지로서의 교회

마태복음 18:20; 골로새서 1:12, 3:1-4; 빌립보서 3:19, 20

성화

요한복음 14:15; 로마서 6:4, 8:13, 12:1, 13:4, 12-14; 고린도후서 3:18, 5:17; 갈라디아서 5:16, 17; 골로새서 3:8-10; 빌립보서 2:12, 13; 베드로전서 1:15, 16; 요한일서 3:2

우리 세대는 무분별한 급진주의에 빠지기 쉽다.
우리는 세상을 바꾸고 싶어하나 기저귀 하나 제대로 갈아본 적도 없다.
_ 케빈 드영

CHAPTER
8
행동주의 복음

일그러진
복음

한번은 친구 하나가 켄터키의 자그마한 교회에 대한 얘기를 들려주었다. 그 교회는 알코올 판매 사업을 허용하려는 시의회의 계획에 대해 우려하고 있었다. 켄터키에서는 여러 해 동안 금주법을 시행해오고 있었다. 교인들은 알코올 남용으로 인한 피해를 목격해왔기에, 이웃과 가족을 그 유혹으로부터 지키고 싶었다. 그래서 행동하기로 결심했다.

몇 달 동안 그 작은 교회는 반알코올 운동의 본부가 되었다. 교인들은 집집마다 돌면서 새로운 제안을 투표로 거부하도록 당부했다. 그들은 간판을 내걸고, 자원자들을 모집하고, 우편물을 발송했다.

투표일에, 교인들은 예배당에 모여 결과를 기다리며 라디오에 귀를 기울였다. 몇 시간 후 뉴스가 나왔다. 교회가 이겼다. 알코올 판매를 허용하려는 제안이 무산되었다. 교인들은 환호했다. 큰 함성이 예배당을 울렸다. 서로를 껴안고 음료수를 돌렸다. 한 집사가 내 친구에게 말했다.

"우리 교회 역사상 오늘이 최고의 날입니다."

'최고의 날'이라는 말을 듣고 나는 놀랐다. '정말일까?' 알코올 판매에 대한 입장을 떠나서, 한 교회가 법안 하나 제지시킨 것을 가리켜 가장 위대한 날이라고 말하는 것은 왠지 서글퍼 보인다. 어떤 사람의 손자가 세례를 받으려고 걸어나갔던 날은 어땠을까? 교회 창립 멤버의 장례식이 거행되고 그녀의 몇몇 가족이 그리스도를 믿게 되었던 날은 어땠을까? 땅 끝까지 복음을 전하기 위해 선교사 가족을 파송했던 날은 어땠을까? 그 교회의 일부 교인들은 행동주의에 너무 매료되어 있었기 때문에, 그릇된 제안을 부결시킨 유권자들의 투표 결과를 하늘의 천사들이 훨씬 더 기뻐할 거라고 생각했다.

행동주의 복음

보수주의든 자유주의든, 예전적(liturgical)이든 현대적이든, 크든 작든, 행동주의 복음의 영향에서 자유로운 교회는 하나도 없다. 기독교의 다른 분파들보다 복음주의자들이 이 일그러진 복음의 영향을 더 많이 받을 것이다. 왜냐하면 그들은 행동적이기 때문이다. 우리는 그리스도의 나라가 확장되기를 원한다. 행동주의 가짜 복음은 복음에, 특히 복음 공동체에 해롭다. 복음 그 자체보다는 사회적이거나 정치적인 목적으로 우리를 연합시키려 하기 때문이다.

앞장에서는 복음이 사회의 모든 영역과 관련된 공적인 소식임을 언급했다. 그 영역은 사업, 미술, 문학, 과학, 정치 등을 포함한다. 정적주의 복음의 위험은 그 메시지가 우리의 공적인 삶으로부터 차단되어 있다는 점이다. 정적주의 가짜 복음은 마치 바위를 호수에 던져 넣고서 그 파문을 억제하려는 것과 같다.

행동주의 복음은 정반대의 실수를 범한다. 복음 선포라는 바위 자체보다는 그것으로 인한 파문에 초점을 맞춘다. 이 가짜 복음은 그리스도 대신 공통의 어떤 주장 아래로 복음 공동체를 연합시키려 한다. 일단 그 주장이 교회의 추진력으로 자리잡으면, 지상명령은 밀려나고 예배와 성례전 준수는 경시되며 또한 교회는 사회 기관으로 전락한다. 그리고 여러 이데올로기로 인해 그 특유의 목소리를 잃고 만다.

행동주의 복음의 여러 유형

행동주의 복음이 어떻게 교회에 침투할까? 어떤 일이 복음을 대체하는 방식은 대략 세 가지이다.

문화 전사(Culture Warriors)

오늘날 우리 사회에는 사상의 다툼이 있다. 어떤 이들은 이 사상의 다툼을 전쟁에 비긴다. 우리의 사회, 학교, 교회에서 전통 윤리가 쇠퇴해감에 따라 우리 문화는 줄곧 세속화와 상대주의로 향하고 있다. 복음주의자들은 '전통적 가치를 위해' 그리고 '하나님을 인정하는 사회를 만들기 위해' 싸운다.

문화 전사 사고방식의 문제는 교회와 문화를 혼동한다는 것이다. 그래서 목사들이 사회에서 발생하는 간음죄들은 공개적으로 비판하지만, 여전히 성가대서에 앉아 있는 간음자들에 대해서는 간과한다. 법원에서는 십계명이 준수되길 바라지만, 우리 자신은 십계명을 외우지 못한다.

얼마 전, 글렌 벡이 한 TV 쇼에서 유명한 복음 전도자와 대화를 나눴다. 벡이 몰몬교와 복음주의 신학의 차이점에 대해 얘기할 때, 그 전도자는 "신학에 대해서는 나중에 이 나라를 구한 후에 토론할 수 있어요."라고 했다. 이런 것이 바로 문화 전사 사고방식이다. 우리는 의와 불의 간의 싸움에 뛰어들었다고 믿는다. 그 결과 정치 문제에 대해 이견을 보이는 비그리스도인에 대해 적대감을 피력한다. 러셀 무어는 진짜 대적이 누군지를 복음주의자들에게 상기시킨다. "우리의 분노 대상은 뱀의 먹이가 아니라 뱀이다."[1]

문화 전쟁은 십자가의 반대 방향으로 우리를 이끈다. 우리가 다른 사람을 위해 자신의 생명을 내어놓는 대신, 반대자를 포용하며 우리의 언행을 통해 사랑과 관용을 보이는 대신, 주변 사람을 멸시하기 시작한다. 더 이상 하나님의 영광과 우리 이웃의 유익을 위해 하나님의 은혜로 구원받았다고 생각하지 않는다. 그 대신 파멸로 향하는 세상을 구출하는 것을 우리 목표로 여기며, 그 일에 방해가 될 수 있는 자는 모조리 공격한다.

심부름꾼(Errand Runners)

보수적인 문화 전사들의 미사여구에 반발하여, 많은 젊은 복음주의자는 다른 유형의 행동주의를 채택했다. 낙태나 동성결혼에 대항하기보다는 환경보호주의나 빈민 구제 또는 사회 정의를 외친다. 목표는? 세상을

---

1) Russell Moore, "You Are Not Your Worldview," 2010년 3월 4일, 남침례교 신학교에서 행한 채플 메시지.

더 나은 곳으로 만드는 것이다. 안타깝게도, 이 그룹 역시 선지자적 음성을 잃고 또 다른 이해집단이 된다. 그들은 '심부름꾼'이 된다. 안건 설정자는 따로 있고, 그들은 단지 '세상을 위해 심부름만' 할 뿐이다.

이 심부름꾼들이 불공평을 바로잡아야 한다고 인식하는 것은 옳다. 그러나 문화 전사와 심부름꾼을 함께 뒷받침하는 가정은 이러하다. '실제 변화가 일어나는 영역은 정치와 정책이다.' 따라서 우익 행동주의자든 좌익 행동주의자든, 그들은 세상을 변화시키는 주된 방법이 정치라고 하는 공통의 신념을 품고 있다.

교육자(The Educators)

행동주의 복음의 세 번째 유형이다. 이 그룹은 문화 전사일 수도 있고 심부름꾼일 수도 있는 교육자들이다. 사회의 주된 문제가 무지이므로 교육이 해결책이라고 본다. 교육이 이뤄지면 범죄, 가난, 실업 그리고 문화의 다른 모든 문제가 해결될 것이라는 입장이다.

분명, 그리스도인은 교육 기회 증진의 일선에 서왔다. 종교개혁 시기의 문맹 퇴치 활동부터 오늘날 이민자 영어 학습을 돕는 일에까지, 그리스도인은 사회의 공익을 위해 교육이 핵심 역할을 한다고 생각해왔다.

하지만, 좋긴 하지만 교육이 복음을 대체해서는 안 된다. 우리의 가장 큰 문제는 무지가 아니라 하나님께 대한 반역이다. 인간의 마음이 기본적으로 선하며 단지 지도를 필요로 한다는 생각은 인간의 상태를 근본적으로 잘못 진단한 것이다. 교육은 우리를 더 똑똑한 죄인으로 만들지만 우리 마음을 바로잡지는 못한다.

오늘날의, 예수님 끌어들이기

모두들 예수님이 자신의 편이 되기를 원한다. '보수 프로젝트'라는 최근의 한 성경 번역 프로젝트는 정치적으로 자유주의자들의 입장을 지지하는 것처럼 보이는 모든 구절을 개역한다. 다행히 이 프로젝트는 우익과 좌익 양진영 모두의 비웃음을 사고 있다.

심부름꾼들도 예수님을 자기편으로 끌어들인다. 예수님을 평화를 사랑하는 히피로 간주한다. 종종 이들은 그리스도의 과격한 말씀을 한쪽에 제쳐둔다. 영광스러운 전사 같은 모습으로 재림하시는 예수님에 관한 요한계시록의 묘사와 같은 내용에서는 특히 그렇다.

교육자들도 예수님을 자기편으로 끌어들인다. 그분을 구주보다는 위대한 교사로 언급한다. 그리스도의 원칙을 따르면 이 세상이 더 나아질 거라는 것이 그들의 생각이다. 예수님의 가르침을 사람들에게 가르치는 것이 우리 일의 전부라고 생각한다.

예수님 당시의, 그분 끌어들이기

예수님을 자신이 좋아하는 주장의 수호성인으로 삼으려는 오늘날의 노력은 전혀 새로운 것이 아니다. 예수님 당시에 어떤 무리는, 처음에는 지지하다가 나중에 자신들의 입장과 다른 점을 발견하자 그분을 멸시했다.

바리새인은 당시 유대교의 보수적인 분파였다. 그들은 매일의 삶에서 모세 율법에 충실하려고 애썼고, 그들을 억압했던 로마인들과 화평하게 지내려고 노력했다. 그러나 예수님은 바리새인이 아니셨다. 그는 그들의 위선을 비난하셨고, 그들의 취향에 맞는 역할을 떠맡으려 하지 않으셨다.

열심당원들은 예수님 당시의 또 다른 그룹이다. 그들은 로마 정부를 폭력으로 전복시킬 것을 주장했다. 메시아에 관한 예수님의 말씀에 깊은 관심을 보였다. 그들 중 일부는 예수께서 혁명을 이끌어주기를 원했다. 하지만 예수님은 십자가를 지는 삶, 오 리를 함께 가주기를 부탁하는 자와 십 리를 동행하는 태도, 그리고 원수 로마인에 대한 사랑에 대해 말씀하셨다. 그는 그들의 정치적 혁명과 주장에 동조하지 않으셨다. 십자가를 그의 보좌로 여기셨다.

사두개인은 신학적 변절자들이었다. 마지막 날의 부활을 믿지 않았다. 그들 중 다수는 문화적 유대인이었고, 희생제사 제도를 통해 이득을 챙겼다. 그들은 지배 계층과 로마 압제자들과 결탁하여 자신의 명성을 유지했다. 예수님은 하나님 말씀을 버리고 하나님의 권능을 멸시했던 사두개인들을 정죄하셨다.

에세네파는 예수님 당시의 수도원 운동이었다. 그들은 광야로 물러났으며, 하나님의 구원이 임하기 전에 이스라엘이 정결해져야 한다고 믿었다. 그래서 하나님의 개입을 소망하며 광야에서 정결 생활에 헌신했다. 때로는 예수께서 에세네파처럼 설교하셨고, 종종 혼자서 한적한 곳으로 물러나셨다. 하지만 그는 에세네파에 속하지 않으셨다. 등불을 등경 아래 숨기지 말고 사람들 앞에 비춰야 한다고 말씀하셨다. 소금이 그 효력을 발휘하려면 세상 안에 있어야 한다고 가르치셨다.

예수님은 바리새인, 열심당원, 사두개인, 에세네파가 아니셨다. 예수님은 예수님이셨다. 우리가 아무리 애를 써도, 그분을 우리의 주장이나 고정관념 속에 맞출 수는 없다. 그분을 가두려는 우리의 모든 상자를 그분은 부수신다. 그는 길들여질 수 없는 분이시다. 우리가 이 세상의 바벨탑이 아니라 그의 나라를 먼저 구해야 하는 것도 바로 그 때문이다.

행동주의 복음의 핵심		
이야기	선포	공동체
하나님 나라는 공정한 사회를 건설하려는 그리스도인의 노력을 통해 확장된다. 더 나은 세계를 위한 기도 응답은 우리에게 달렸다.	복음의 능력은 그리스도인에 의한 정치적, 사회적, 문화적 변혁을 통해 드러난다.	교회는 정치적 주장이나 사회적 프로젝트를 놓고 가장 강력하게 단합한다.

행동주의 복음이 매력적인 이유

우리가 행동주의 복음에 끌리는 이유가 몇 가지 있다. 여기서는 흔한 이유 세 가지를 소개한다.

사회에 영향력을 발휘한다

이 일그러진 가짜 복음이 매력적인 이유는 성경적인 복음이 사회에 영향을 미치기 때문이다. 우리는 낙태에 반대하고 가난한 자들을 돕고 학교를 세우며 우물을 파고 문맹을 퇴치해야 한다. 우리는 여러 유형의 불의를 담대히 비판해야 한다. 기독교가 사적이며 영적인 은둔 세계가 아니라 현실 세계에 관여해야 한다는 행동주의 복음의 입장은 옳다.

즉각적인 결과를 낳는다

행동주의 복음은 '지금' 영향을 미칠 수 있음을 약속한다. 법안을 통과시키면 즉각적인 결과가 나타난다. 아프리카에서 우물을 파면 한 마을에 신선한 물이 제공된다. 임산부에게 초음파 사진을 보여주면 낙태를 막을 수 있다. 우리는 즉각적인 변화를 보고 싶어한다. 좋은 결과 때문에 우리는 행동하길 원한다.

사실을 직시하자. 때로는 제자화란 지루한 일이다. 다른 사람에게 우리의 삶을 쏟아붓지만 실망스럽기만 하다. 매주 말씀을 듣고 성찬식에 참예하는 것이 지겨워질 수 있다. 아무리 신선한 방법을 동원하려 해도 마찬가지다. 행동주의 복음이 우리의 마음을 끄는 것은 즉각적인 결과를 약속하기 때문이다.

감명을 끼치고 싶은 대상들의 인기를 얻는다

행동주의 복음은 인기를 얻게 할 수 있다. 문화 전사들은 자신의 입장이 많은 사람의 인기를 얻지 못함을 알고 있다. 그러나 싸우기 좋아하는 교인들에게는 그들의 입장이 인기가 있다.

심부름꾼은 반문화적이길 원한다. 하지만 그들이 대항하는 문화는 문화-전사 사고방식을 가진 교인들의 문화이기도 하다. 사회 정의나 환경보호주의 같은 주장을 펼치면 외부인들로부터 찬사와 인정을 받는다. 『타임』 지 편집자인 에이미 설리반의 지적에 의하면, 상당수의 젊은 복음주의자가 빈곤 퇴치 운동을 벌이는 것은 단지 인기 때문이다. 그녀는 이렇게 말한다. "어떤 운동이 인기에 기초한다면, '그것이 더 이상 인기가 없을 때는 어떻게 될까?'라는 물음을 반드시 고려해보아야 한다. 단지 인기에 근거한 것을 오래도록 유지하기는 힘들다." [2]

행동주의 복음에 대처하는 방법

행동주의 복음은 성경적인 복음을 우리 자신의 세상 변혁 노력으로 대체하려 한다. 이런 가짜 복음에 빠지지 않고 세상의 빛과 소금이 되려면 어떻게 해야 할까? 여기에 몇 가지 제안이 있다.

복음을 복음의 영향과 혼동하지 말라

'복음'은 '좋은 소식'이다. 그것은 반드시 선포되어야 하는 소식이다. 그리스도인은 이 복음의 전령이다. 복음 선포의 내용은 우리를 하나님과 화해시키고 세상을 회복시키기 위해 예수 그리스도를 통해 하나님이 하신 일이다. 우리는 이 복음이 우리의 행위에 관한 것이 아님을 기억해야 한다. 복음은 예수께서 하신 일에 관한 것이다.

> 복음에 의해 탄생한 공동체는 온갖 종류의 선한 일을 수행한다. … 그러나 우리의 행위가 복음인 것은 아니다.

낙태 반대, 빈곤 타파, 평화 증진, 또는 결손 학교의 아이들 가르치기와 같은 선한 활동을 복음 전파로 여

---

[2] Amy Sullivan, "Young Evangelicals: Expanding Their Mission" http://www.time.com/time/nation/article/0,8599,199246-3,00.html.

기는 경우가 있다. 우리의 선한 행동을 '복음 선포'로 묘사해서는 결코 안 된다. 복음은 선한 행실로 이끌지만 그 선한 행실에 관한 이야기가 아니다.

복음 선포가 복음 이야기 안에서 적절히 행해질 때, 복음에 의해 탄생한 공동체는 온갖 종류의 선한 일들을 수행한다. 그리스도인은 공적 삶의 여러 영역에 참여하고, 자신의 기독교적 확신을 자신의 직장이나 활동 분야에 적용한다. 일단 우리 마음이 새로워지고 복음에 의해 변화되면, 곳곳에서 변화의 동인이 될 수밖에 없다.

그럼에도 불구하고, 우리의 행위가 복음인 것은 아니다. 감동적인 누마(Nooma) 비디오 '너'(You)에서, 롭 벨은 교회가 공익을 위해 어떻게 협력하는지를 보여준다. 하지만 롭이 카메라를 들여다보며 시청자에게 "당신이 복음입니다."라고 말한 것은 실수이다. 그런 말은 우리의 선한 일과 복음 선포를 혼동케 한다. 결국, 그것은 보다 친숙한 유형의 도덕주의에 관한 언급이며, 재활용하고 투표에 참여하며 빈곤을 퇴치하라는 명령을 복음과 혼동하게 만든다.

복음의 효력을 복음 그 자체와 혼동하는 사람은 지치고 만다. 결국 기진맥진해지고 충분한 성취감을 결코 느낄 수 없다.

취임 연설에서, 케네디 대통령은 "여러분의 조국이 여러분을 위해 무엇을 할 수 있는지를 묻지 마십시오. 여러분의 조국을 위해 여러분이 무엇을 할 수 있는지를 물으십시오."라고 했다. 시민을 위해 그것은 탁월한 권면이었다.

하나님 나라의 시민을 위한 권면은 거꾸로이다. 먼저 우리는 그리스도께서 우리를 위해 무엇을 하실 수 있는지를 알아내고, 그런 다음에 우리

조국을 위해 좋은 일을 할 수 있는 힘을 얻는다.

사회 변화가 아니라 복음에 줄곧 초점을 맞추라

사회 변화의 복음에 초점을 맞추지 말고, 사회 변화를 초래하는 복음에 초점을 맞추라. 개인으로서, 우리는 그리스도 안에서가 아니라 다른 어떤 것에서 자신의 정체성을 찾으려는 유혹을 받는다. 그것은 자신의 일, 가족적 배경, 국적, 혹은 자신의 교회일 수도 있다. 제자화의 시금석 중 하나는 '그리스도 안의' 정체성을 최우선적으로 고수하는가이다.

교회에 있어서도 마찬가지다. 우리는 예배 양식, 설교 양식, 교리적 특성, 사회적인 프로젝트, 또는 건물에서 정체성을 찾으려는 유혹을 받는다. 교회 리더들은 사역의 영향력이 클수록 복음 사역자로서 더 적합하다고 믿는다. 하지만 이런 생각은 자애로우신 아버지의 자녀로서의 정체성에 뿌리를 둔 것이 아니다. 외적인 성공에 근거한 것이다.

개개의 그리스도인은 각자의 다양한 영역에서 빛과 소금이 될 수 있고 또한 되어야 한다. 우리는 공적인 삶에 관여한다. 다양한 교회가 여러 긍휼 사역에 관여한다. 가난한 자를 돌보고 환경을 보살핀다. 모든 교회는 복음 선포 명령을 받았다. 복음 선포에 더하여, 다양한 교회들이 지역사회와 세상의 유익을 위해 다양한 방법으로 봉사한다.

그러나 우리는 그런 활동이 복음 그 자체가 아니라 복음에 대한 반응임을 기억해야 한다. 우리는 자신의 섬기는 행위에 의해서가 아니라 십자가에 달리기까지 하신 주님의 섬기심에 의해 연합된다. 하나님 나라 이외의 다른 어떤 것을 추구할 때, 우리는 종교적 치장만 했을 뿐 다른 어떤 사회 기관과 유사해진다. 비그리스도인도 선한 일을 한다는 사실을 기억하라. 복음 선포는 변화를 일으킨다!

현세적 고통과 영원한 고통, 모두를 경감하는 데 초점을 맞추라

제임스 화이트는 어떤 문화에 침투하여 그것을 기독교화하는 방법을 논의하는 컨퍼런스에 참석했던 얘기를 들려준다.

> 문화에 다가가기, 문화에 영향력 미치기, 또는 문화 형성하기에 관한 많은 얘기가 있었다. 그때 어떤 생각이 번쩍하고 뇌리를 스쳤다. 그 문화를 만들고 있는 '사람들'에 다가가는 일에 대해 얘기하는 사람이 한 명도 없었다. 정의와 예술에 대한 얘기는 있었으나 구속에 대해서는 얘기하지 않았다. 어떤 시간에는 시종일관 방법론에 초점을 맞추었다. '세상에 다가가며' '문화에 관여할' 복석으로 설립된 여러 교회에서도 이런 모습이 엿보였다. 그런 교회들의 패턴은 같은 것 같다. 문화적으로 관여하기 위해 엄청나게 노력하며 성경에 수록된 실천적 지혜와 윤리를 근사하게 설명하지만, 정작 그리스도를 믿도록 이끌지는 않는다.[3]

화이트의 지적이 옳다. 복음 전도와 무관하게 문화적인 변화를 추구하기가 쉽다. 물론, 그리스도인이 긍휼 사역에 나서는 것은 좋고 필요한 일이다. 하나님의 은혜의 복음은 현세적인 고통과 영원한 고통 둘 다를 경감하도록 일을 이끈다. 하지만 현세적인 것에만 초점을 맞춘다면 복음의 의미를 축소시키는 꼴이 된다.

---

3) James Emery White, *Christ Among the Dragons*(Downers Grove, Ill.:InterVarsity, 2010), 97.

스티브 티미스 목사와 팀 체스터 목사는 이렇게 말한다. "복음 선포가 없는 사회 활동은 아무 방향도 가리키지 않는 푯말과 같다. 그것은 마치 구원이 사회경제적 개선과 동의어임을 또는 구원이 선행을 통해 얻어짐을 뜻하는 것과 같다."4)

배고픈 자에게 음식을 제공하는 것이 단지 복음을 전하기 위함인 것만은 아니다. 하지만 복음을 아예 언급하지 않고 가난한 사람을 돕는 것에만 그쳐서도 안 된다. 달리 말해서, 선한 행실은 이웃을 향한 진실한 사랑에서 비롯된다. 우리의 선행이 복음 전도만을 위한 것은 아니지만 복음 전도를 배제한 것일 수도 없다. 복음 선포를 보류하는 것은 우리의 소명을 간과하는 행위다. 생명의 떡을 소개하지 않고 육신의 배고픔을 채우는 것으로만 만족할 수는 없다.

> 우리의 선행이 복음 전도만을 위한 것은 아니지만 복음 전도를 배제한 것일 수도 없다.

현세의 고통을 경감시키는 사회 활동은 지금 당장 인기를 얻는다. 우리가 저소득층 아이들을 돌본다면 세상 사람의 찬사를 받을 것이다. 그러나 저소득층 지역에 교회를 세우려 하면 비난받을지도 모른다. 육신의 배고픔을 해소하기 위해 음식을 제공하면 찬사를 받는다. 그러나 영원한 배고픔을 해소해줄 복음을 제공하면 조롱을 당한다.

선행을 베풀면서도 복음을 강조하는 한 가지 방법은 지옥 교리를 설교에서 배제시키지 않는 것이다. D. A. 카슨은 한 교회 리더와의 대화를 상기시킨다. 그는 복음에 초점을 맞추는 방법의 하나가 지옥에 관한 설교라고 했다. "교수님이 모든 반역과 죄악에 대한 하나님의 진노를 설교하

---

4) Tim Chester와 Steve Timmis, *Total Church* (Wheaton, Ill.:Crossway, 2008), 78.

는 한, 현세적 고통과 영원한 고통 둘 다로부터의 구원을 교수님의 마음 속에나 교인들의 의식 속에 각인시키는 셈입니다. 그 부분을 대충 얼버무리기 시작하면 영원한 측면을 놓치게 됩니다."5)

우리의 핵심 증언은 복음에 의해 변화된 마음을 드러내는 행동과 다른 사람에게 회개와 믿음을 촉구하는 말을 통해 복음의 능력을 입증하는 것이다. 우리의 목표는 좋은 증인이 되는 것이다. 그리스도인은 세상을 변화시키기 위해 부르심을 받은 것이 아니다. 세상을 변화시키신 분을 증언하기 위해 부르심을 받았다.

복음의 능력을 확신하라

당신이 문화 전사(culture warrior)라면, 이 땅에 의를 회복시킬 주요 무기는 정치 시스템이라고 생각할 수 있다. 당신이 심부름꾼(errand-runner)이라면, 효과적인 변화를 일으키는 것은 시민 단체들이라고 생각할 수 있다. 당신이 교육자(educator)라면, 더 많은 프로그램과 정부 기금이 있다면 지속적인 변화를 가져올 더 나은 교육이 이뤄질 것이라고 생각할 것이다.

이 모든 접근법의 공통점에 주목하라. '복음은 다른 그 무엇을 필요로 한다.' 복음만으로는 세상을 변화시키기에 충분하지 않다. 지속적인 변화를 위해서는 이것저것들이 더 필요하다. 이 사고방식에 의하면, 변화를 일으키는 것이 힘이지만, 이 힘은 복음의 힘이 아니다. 우리가 복음을 믿으면서도 다른 어떤 것이 변화의 진정한 동인이라고 생각할 수도 있다.

---

5) D. A. Carson, "Proclaiming the Gospel and Performing Deeds of Mercy", http://thegospelcoalition.org/resources/a/Proclaiming-the-Gospel-and-Performing-Deeds-of-Mercy에서.

사도 바울은 당시 로마 제국에 대처하는 일에는 그다지 관심을 기울이지 않았던 것 같다. 그는 자신을 이 세상에 속하지 않은 다른 나라의 증인으로 여겼다. 예수님도 로마 정부를 전복하러 오신 것이 아니다. 그는 지속적인 변화와 영원한 평강을 가져올 새 나라가 시작되게 하셨다.

『스크루테이프의 편지』에서, C. S. 루이스는 기독교와 정치 간의 '미묘한' 입장에 대해 썼다. 악마 스크루테이프는 사람들을 정적주의 가짜 복음이나 행동주의 가짜 복음으로 이끌도록 후배 악마에게 조언한다. "기독교가 인간들의 정치 생활에 흘러들도록 허용하고 싶지 않아. 진정으로 정의로운 사회가 세워지면 우리에겐 재난이기 때문이지." 이는 공적 삶에서 복음 선포의 의미를 배제시키는 정적주의 복음을 그리스도인들이 받아들이기 바라는 마음을 피력한 말이다.

"또한 우리는 사람들이 기독교를 하나의 수단으로 여기기를 원하지. 그들 자신의 발전이나 사회 정의 같은 것을 위한 수단 말이지." 여기서 스크루테이프는 그리스도인이 행동주의 복음에 빠지길 바란다. 하나님 나라의 문제를 세상 문제로 대체시키길 바라는 것이다. 스크루테이프는 상세히 설명한다.

> 먼저, 인간들에게 사회 정의를 원수(하나님을 가리킨다-역자 주)가 요구하는 가치 있는 것으로 여기게 하자. 그런 후에, 기독교가 사회 정의를 가져다준다고 믿는 단계로 나아가게 하자. 좋은 사회를 만들기 위해 신앙을 부흥시켜야 한다고 생각하는 인간이나 민족은 천국 계단을 그 지름길로 여길 것이다. 다행히도 인간을 이런 쪽으로 유혹하는 것은 매우 쉬운 일이다.[6]

교회가 매주 선포하는 단순한 복음을 확신하지 못할 때, 교인은 불안해지며 바라는 것을 얻게 해줄 무엇인가를 찾아나서기 시작한다. 그래서 단순한 겨자씨 믿음을 버리고 거대한 삼나무로 기어오르기 시작한다. 우리는 누룩이 반죽에 퍼지도록 기다리는 것을 좋아하지 않는다. 그래서 이미 만들어져 있는 케이크를 허겁지겁 먹는다. 우리는 밭에 감춰진 보화로 만족하지 않는다. 그보다는 근사하게 보이는 궁전을 언덕에 짓고 싶어한다.

복음 중심의 행동주의

우리는 행동주의 복음의 여러 가지 위험을 살펴보았다. 그렇다면 복음에 의해 주도되는 행동주의에 가담해야 하는 경우가 있을까? 있다. 우리가 행동주의 복음을 기피하지만 복음 중심의 행동주의를 기피해서는 안 된다. 그리스도인은 세상에서 소금과 빛으로 존재하도록 부르심을 받는다. 과거에 이런 사례들이 많았다.

윌리엄 윌버포스가 가장 좋은 예이다. 19세기초 영국의 정치가이자 복음주의 그리스도인이었던 윌버포스는 영국에서 노예제를 폐지하는 데 중요한 역할을 했다.

일찍이 그는 교회에서의 영적인 일과 사회에서의 세속적인 일을 분리시킬 필요는 없음을 깨달았다. 자신의 영향력이 미치는 영역 속에 복음의 진리를 적용하기로 했다. 복음은 그로 하여금 노예무역을 적극적으로 반대하게 했다.

---

6) C. S. Lewis, *The Screwtape Letters* (New York: Harper Collins, 2001), 126, 127.

하지만 윌버포스는 자신의 행동주의를 결코 복음 그 자체와 혼동하지 않았다. 항상 현세적인 고통과 영원한 고통 둘 다를 경감시키는 일에 관심을 보였다. 현실 속의 노예제를 중단시키려 했을 뿐만 아니라 악한 마귀의 영원한 노예로 붙들린 상태로부터 사람들을 구해내려고도 노력했다.

복음 중심 행동주의의 또 다른 예는 복음주의자들 사이에 점차 확대되는 입양 운동이다. 문화와 인종이 다른 아이들을 자신의 가정으로 받아들이는 가족들이 늘어나고 있다. 아버지 없는 아이들을 돌보는 일은 하나님의 은혜의 복음으로 우리가 그분의 가족이 되는 것을 연상시킨다. 이들의 행동에서 우리는 복음의 온기를 느낀다.

찰스 콜슨에 의해 설립된 교도소 선교회(Prison Fellowship)는 복음 중심 행동주의의 또 다른 예이다. 콜슨이 그 사역을 시작한 것은 석방 후에 좋은 시민이 되도록 수감자들을 교화시키기 위해서만이 아니다. 그는 그들을 하나님 나라의 시민으로도 만들고 싶었다. 콜슨과 그의 팀은 참된 교화란 행동 교정이 아니라 복음에 의해서만 가능한 마음의 변화임을 알고 있었다.

행동주의 복음은 교회를 어떤 주장에 결속되게 한다. 복음 중심의 행동주의는 복음에 결속된 교회의 외부 활동이다. 전자를 피하고 후자를 환영하라.

| 이 장과 관련된 성경 말씀 |

교회의 임무

마태복음 28:18-20; 사도행전 1:8; 요한복음 20:19-23

복음에 의한 연합

시편 13편; 고린도전서 1:10-31; 갈라디아서 2장; 골로새서 2:6-19; 에베소서 4:1-16; 베드로전서 3:8

복음의 능력

로마서 1:16, 17; 15:18, 19; 고린도전서 1:18; 4:19, 20; 데살로니가전서 1:5

교회는 완벽하지 않지만,
그 불완전함을 지적하기를 즐기는 자에게는 화가 있다.
_ 찰스 스펄전

CHAPTER
9
무교회 복음

일그러진
복음

당신이 다른 행성에서 와서 지구를 여행하고 있다고 상상해보라. 어느 주일에 당신은 혼잡한 도시의 한 예배 장소로 다가가고 있다. 처음 주목을 끄는 것은 주차장을 가득 메운 가지각색의 차들이다. '무척이나 인기 있는 게 분명해.'라고 당신은 생각한다. 사람들이 자신의 삶에 의미를 더해줄 경험을 위해 이곳으로 모여들고 있다.

그 건물은 유달리 눈에 띈다. 모두들 자신이 어디로 가고 있는지를 아는 것 같다. 일단 안에 들어서면, 어디로 가야 하는지를 안내하는 표지들이 있다. 어떤 벽에는 깃발들이 달려 있다. 무척 아름다운 곳이다. 당신은 시간 가는 줄도 모른 채 그곳에 그리고 거기 모인 사람들에 빠져든다. 지구의 가을을 반영하는 색들이 보인다. 오렌지색과 갈색이 보이며, 건초와 옥수수 껍질도 장식되어 있다.

복도에서 사람들은 서로 손을 내밀며 인사한다. 다정한 표정으로 당신에게 길을 안내해주려 한다. 그곳을 떠나기 직전에 당신은 지갑을 연다. 마침내 작별 인사를 나누고, 출구로 나와서 주차장으로 향한다.

이제……상상을 멈추라. 방금 내가 묘사한 곳을 당신은 알겠는가? 그곳은 교회가 아니다. 지역 쇼핑몰이다. 다시 생각해보라. 커다란 주차장, 눈에 띄는 건물, 안내 표지판들, "당신도 이렇게 보일 수 있어요."라고 말하는 것 같은 벽의 사진들, 계절에 맞는 다채로운 장식들, 친절한 종업원들. 당신은 바라는 것을 사서 행복해진다.

"잠시만요." 하고 당신은 말한다. "당신이 묘사하는 곳이 예배 장소라고 말했잖아요?" 그렇다. 쇼핑몰은 예배 장소이다. 축구 경기장, 학교 강당, 그리고 교회도 마찬가지다. 이곳들에서 우리는 예배자의 모습을 보인다. 우리의 애착과 소원이 형성된다. 우리의 예배 개념이 형성된다.[1]

무교회 그리스도인?

최근에는, 지역교회가 그리스도인들에게 별 의미가 없는 것 같다. 어떤 이들은 제도로서 존재하는 지역교회의 중요성을 이해하지 못한다. 지역교회에 속해 있으면서도 정규적으로 출석할 필요성을 느끼지 않는 이들도 있다.

많은 목사가 교회에 대한 이 같은 헌신 부족을 지적하여 교인들을 죄책감에 빠트리려 한다. 그래서 교회 출석을 강조하는 메시지를 자주 선포한다. 사람들은 매주일 교회로 향하지만 복음에 이끌려서가 아니다. 죄책감은 결코 최선의 동기부여 요인이 아니다.

---

1) James K. A. Smith, *Desiring the Kingdom* (Grand Rapids: Baker, 2009)의 서두에서.

모든 그리스도인은 신자들이 교회임을 이해해야 한다. 교회의 핵심 기능은 예배로 모였다가 그리스도의 영광을 위해 각자 일터로 흩어지는 것이다. 히브리서 기자는 다른 신자들과 함께 모이는 것이 영예로운 일이라고 말한다. 그리고 '모이기를 폐하는' 것에 대해 경고한다(히 10:23-25). 나는 이런 구절에 위안을 얻는다. 공동 예배를 무시하는 그리스도인들의 문제가 새로운 것이 아님을 알 수 있기 때문이다. 만일 히브리서 기자가 이 문제를 중요시했다면, 이는 신약성경 시대에도 친교를 무시하는 그리스도인들이 있었음을 뜻한다.

무교회 복음의 여러 유형

하나님을 향한 개인적이며 진심어린 헌신을 상조하는 복음주의자들로서, 우리는 종종 복음 공동체로의 연합을 경시할 위험에 처한다. 복음주의 진영 내에서 서서히 확산되어 가는 무교회 복음이 내세우는 주장들은 대략 다음과 같다.

제도적 교회는 이교적 고안물이라고 한다

최근에 발간된 『이교적 기독교?』라는 책에서는 "우리 교회 관행들의 뿌리를 탐구하려고"[2] 시도한다.

교회의 예배 관행을 비판하는 책들은 허다하다. 그러나 제도적 교회의 모든 면을 그토록 격렬히 비난하는 책은 드물다. 이런 책들의 저자는 앞

---

2) Frank Viola와 George Barna, *Pagan Christianity? Exploring the Roots of Our Church Practices* (Carol Stream, Ill.:Tyndale, 2008).

으로 가정교회(또는 유기적인 교회) 운동이 더 확산될 거라고 확신한다. 이런 교회만이 초대교회의 전통에 따른 것이라고 생각하기 때문이다.

그들의 논거는 이렇다. 거의 2,000년 동안, 교회는 심각하게 그릇된 방향으로 이끌려왔다. 여러 층의 전통이 참된 기독교적 경험을 짓눌러왔다. 사도시대의 초대교회를 회복하려면, 교회를 리더십의 계급 제도나 종교적 프로그램이 배제된 유기적 실체로 보아야 한다. 오늘날의 그리스도인은 조직화된 교회를 포기하고 가정 그룹이나 조직 없이 힘을 결집시키는 다른 형태의 그리스도인 모임을 고려해야 한다.

전통이 교회에 해를 가할 수 있다는 것은 분명한 사실이다. 우리의 관행을 정당화하려면 부단히 성경으로 돌아가야 한다. 하지만 조직된 형태의 교회들을 모조리 후려치는 것은 갱신을 추구하는 올바른 방법이 아니다. 교회가 불완전한 것은 계급 조직 때문이 아니라 사람 자체가 불완전하기 때문이다.

그리스도인에게 교회는 선택적이라고 한다

어떤 그리스도인은 교회란 영적 여정에 도움이 될 수 있는 좋은 선택 사항일 뿐이라고 생각한다. 대학교 사역이나 파라처치 단체 같은 데서도 그런 도움을 받을 수 있다. 하나님 말씀을 개인적으로 공부하도록 도와주는 자료들을 통해 제자훈련을 받을 수 있다. 자신이 좋아하는 목사의 설교를 들음으로써 영적 성장을 도모할 수 있다.

팟캐스트나 제자훈련 자료를 활용한 파라처치 단체들의 귀한 사역을 나는 결코 멸시하지 않는다. 그러나 이 모든 사역은 지역교회를 대체하는 것이 아니라 보조하는 것이다.

교회는 참된 영적 성장에 방해가 된다고 한다

어떤 이들은 교회가 영적 성장을 짓누른다고 믿는다. '교회가 나의 잠재력을 억압하고 있어.' 라고 생각한다. 불행하게도, 그리스도인들의 모습이 예수님을 닮지 않았다고 말하며 교회를 떠나는 자들의 지적은 옳다. 종종 나는 예수님을 따른다고 말하면서도 그분의 삶에 대해 거의 모르는 자들을 보고 당황한다. 죄의 실상을 위선적인 미소로 감추는 자들로 가득한 교회는 예수님을 사랑하며 그분의 형상으로 변해가기 원하는 자들에게는 영적 성장에 장애가 될 수 있다.

그러나 해결책은 교회를 포기하는 것이 아니다. 그리스도를 닮는 교회가 되도록 독려해야 한다. 우리는 그리스도의 삶과 가르침에 의해, 그분의 죽음과 부활의 의미에 의해 도전받을 필요가 있다. 교회를 떠나는 것이 영적으로 건강할까? 교회와 결별하면 예수님을 더 많이 닮을 수 있을까?

예수님은 자신의 신부인 교회를 위해 목숨을 내놓으셨다. 우리는 어린양의 혼인잔치를 고대한다. 나는 어떤 이들이 쓸데없이 예수님과 교회를 대립시킬까봐 우려한다. 예수님과 그분의 신부인 교회를 이혼시키려고 애쓰는 자들이 있다.

무교회 복음의 핵심		
이야기	선포	공동체
성경의 줄거리는 개인 구원에 초점을 맞춘다. 믿음의 공동체에 관한 이야기는 주변적이다.	좋은 소식은 오직 개인의 구속을 위한 선포일 뿐이다.	지역교회는 개인의 영성에 도움을 주는 선택사항이거나 신앙생활의 장애물이다.

무교회 복음이 매력적인 이유

그리스도인들이, 특히 복음주의자들이 일그러진 복음인 무교회 복음에 그토록 매료되는 몇 가지 이유가 있다.

개인의 영성을 강조한다

우리는 입술로만 하나님을 예배하길 원치 않는다. 우리의 삶으로 예배하길 원한다. 삶의 변화로 이어지지 않는 종교의식적 관행을 바라지 않고, 하나님과의 개인적인 관계를 갈망한다. 복음주의자들은 단지 의무감에서가 아니라 한결같은 사랑의 마음에서 하나님을 섬겨야 한다고 믿는다. 이 모든 성향은 선하다.

하지만 그 초점이 개인에게만 그리고 하나님에 관한 개인적인 느낌에만 고정될 수도 있다. 이런 성향은 지루함이나 전통을 싫어하는 우리 문화를 반영한 것이다. 하지만 영적 체험을 얻기 위해 홀로 은둔하는 방식은 도리어 영적 성장을 저해할 뿐이다.

교회의 결함을 지적하고 거룩함을 촉구한다

이상적인 교회관을 갖는 것은 좋은 일이다. 하지만 이런 이상은 이상 실현을 향해 매진하게 하거나, 아니면 우리를 무력감에 빠트려 포기하게 만든다. 하나님은 우리로 하여금 그리스도의 임재로 가득한 교회를 갈망하게 하신다. 그럼으로써 우리의 믿음과 상상력을 더 강화시키신다. 교회의 결함은 이상 추구 열정을 증진시킨다. 교회의 결함 때문에 교회를 모욕하는 것은 이 세상에 오신 그리스도의 목적을 무시하는 행위이다.

비록 지역교회가 불완전하며 종종 보편교회도 신실하기보다는 기만적인 신부처럼 보이지만, 우리는 실수투성이의 신자들과 자신을 동일시해야 한다. 교회는 가정이다. 하나님은 교회를 사랑하시며 고귀한 피 값으로 교회를 사셨다. 비록 교회에서 우리가 바라는 만큼의 하나님의 임재를 느끼지 못할지라도, 교회는 이 시대에 하나님 나라의 표지로서 여전히 남아 있다. 예수께서 제멋대로인 교회를 위해 생명을 내놓으셨다면, 우리는 당연히 그의 교회를 섬기는 일에서 만족을 찾아야 한다.

우리를 외부 권위에 대한 복종으로부터 자유롭게 한다

교회를 거부하는 사람들은, 특히 서구인들의 경우에, 권위에 반발하는 문화의 특성을 반영한다. 우리는 지시받는 것을 좋아하지 않는다. 자신이나 자신의 개인 의사를 신자 공동체에 복종시키고 싶어하지 않는다. 사람들 속에서 성가신 상황에 부딪히기보다는, 이 교회 저 교회 옮겨 다니고, 신앙 자료들에서 영적 양식을 얻고, 추상적인 공간에서 사람을 사랑하는 것이 훨씬 더 쉬운 일이다.

무교회 복음에 대처하는 방법

무교회 복음은 복음 선포 위에 세워진 진정성 있는 기독교 공동체의 기쁨을 앗아가는 위조품이다. 교회에 대한 정당한 비판에 귀를 기울이고 복음 공동체를 위한 헌신을 유지하려면 어떻게 해야 할까? 여기 몇 가지 방안이 있다.

이상적인 교회관을 개혁 열정과 연결시키라

예배의 특정 부분에 대해 의문을 제기하는 것은 좋은 일이다. 비성경적 전통을 재점검하여 제거할 필요가 있다.

그러나 반교회 서적들에는 지나치게 이상주의적인 개념이 들어 있다. 그것은 초대교회가 인간의 전통에 의해 전혀 더럽혀지지 않은 상태라고 하는 전제를 기초로 한다. 초대교회로 돌아가면 모든 문제가 해결될 것이라는 입장이다.

초대교회로 되돌아가기를 바라는 이들에게 나는 이렇게 묻고 싶다. "당신은 어느 초대교회를 닮고 싶은가?"

고린도교회? 그 교회는 남자들의 근친상간을 자랑으로 여겼다. 예배 모임에 질서가 없었다.

갈라디아교회? 이 교회가 그토록 빨리 복음을 버리는 것을 보고, 바울은 충격을 받았다.

데살로니가교회? 이 교회는 부활의 소망을 갖지 못했다. 그래서 사랑하는 이들과 사별했을 때 세상적인 방식으로 슬퍼했다.

물론, 초기의 교회들에서 배울 것도 많다. 하지만 닮아야 할 정도로 순박하고 때 묻지 않은 초대교회는 없다.

무교회 복음에 빠진 자들은 가정교회 같은 유기적 공동체를 선택할 수도 있다. 하지만 제도적인 교회를 떠나게 한 이상주의는 다른 형태의 교회에서 동일한 타락성과 권한 남용과 세속성이 발견될 때 산산이 부서질 수 있다.

무교회 복음은 교회를 갱신으로 이끄는 것이 아니라 절단되게 한다. 점점 더 많은 교인이 자신의 교회 식구들에 환멸을 느끼고 1세기의 '순수한 교회'를 찾아나선다. 우리는 무지개 끝에 있는 황금 항아리를 줄곧 좇지만 결국 그것은 존재하지 않음으로 판명된다.

이상주의 때문에 지역교회를 떠날 것이 아니라, 개혁 열정을 품고 지역교회로 다시 돌이켜야 할 것이다.

은혜의 복음으로 돌아가자. 좋은 소식은 자신을 엉망이며, 반역적이고, 죄악 되며, 망가지고, 고장난 존재로 인식하는 자들을 위한 것이다. 기독교는 실패자를 위한 것이며, 외부로부터의 구원을 갈망

> 무교회 복음은 교회를 갱신으로 이끄는 것이 아니라 절단되게 한다.

하는 자를 위한 것이다. 우리의 죄성을 온전히 인식할 때, 우리는 교회가 망가진 자들의 집단임을 깨닫는다. 이들은 복음의 능력을 통해 서서히 그리스도의 형상으로 변해간다.

왜 우리는 교회가 도달할 수 없는 높은 이상에 항상 부합되기를 기대하는가? 목표를 높게 설정해서는 안 된다는 뜻이 아니다. 그리스도 없는 교회나 복음 없는 교회로 만족하자는 뜻도 아니다. 망가진 개인에게 인내심을 보이듯이 망가진 자들의 집단(교회)에게도 인내심을 보여야 한다.

그렇다. 그리스도인은 망가지고, 상처입고, 죄악 되며, 이기적이다. 이 죄성이 교회 안에서도 자주 보인다는 것도 사실이다. 하지만 우리가 서로를 필요로 하는 것은 바로 그 때문이다. 우리는 정결한 삶을 위해 서로 독려하고 서로 훈련하며 서로 격려할 필요가 있다. 그리스도께서 정해 주신 조직체 안에서 서로 사랑할 필요가 있다. 우리가 서서히 예수님의 형상으로 변해가기 위해 개인적으로 그분을 필요로 하듯이, 세상에서 그리스도의 영광을 반영하는 교회를 위해 예수님으로 기득한 사람들이

필요하다.

결함에도 불구하고, 예수께서 우리를 사랑하셨듯이 사람들을 사랑하라

예수 그리스도 안에서 얻은 하나님의 용서를 세상에 가장 잘 드러낼 수 있는 방법은 무엇일까? 교회 안의 사람들에게 그 용서를 베푸는 것이다. 『피너츠Peanuts』라는 유명한 만화에서, 라이너스는 "나는 인류를 사랑해. ……내가 견딜 수 없는 것은 바로 사람이야!"라고 소리친다. G. K. 체스터톤도 비슷한 말을 했다. "나는 인류를 사랑하며 이웃을 미워하는 법을 쉽게 배웠다."

우리는 다른 사람들을 사랑해야 한다고 얘기하지만, 사랑하기 힘들어지면 쉽게 포기한다. 케빈 드영의 말이 옳다. "공동체에 대한 이상은 실제 공동체를 사랑하는 데 방해가 된다. 공동체 개념을 가장 사랑하는 자들이 실제 공동체에 대해 가장 인내하지 못하기 쉽다."[3]

우리는 개념을 사랑하도록 부르심을 받은 것이 아니다. 그리스도 안에서 형제자매들을 사랑하도록 부르심을 받았다.

C. 피츠시몬스 앨리슨은 제도적인 기독교를 거부하는 자들이 가현설적 성향을 띨 수 있다고 믿는다. 가현설은 그리스도가 실제로는 영적 존재이지만 육체를 가진 것처럼 보였을 뿐이라고 주장했던 고대 이단의 주장이다. 앨리슨은 이렇게 말한다.

"나는 독실하지만 제도적인 기독교는 믿지 않는다."는 말은, "영적

---

[3] Kevin DeYoung, "The Church," Joshua Harris와 Sovereign Grace Ministries에 의해 후원된, 2010년 5월 29일 Next 2010 대회에서.

헌신에 수반되는 책임과 실망에 전혀 연루되지 않고서 영적이고 싶다."라는 식의 또 다른 가현설적인 말이다: 나는 부모가 되고 싶지만 기저귀를 갈고 싶지는 않다. 나는 축구팀에 들고 싶지만 한쪽 구석에서 개인적인 일을 하다가 마음이 내킬 때만 연습에 참여하고 싶다.

제도는 이상과 목표와 가치의 구현이며 실체화다. 가현설은 이상이나 가치나 사랑을 구현하기 위한 책임을 거부하는 한 유형이다. 추상적으로 사랑하고 돌보는 것은 너무나 쉬운 일이다. 기저귀 갈아 주기나 우울증에 걸린 사람의 말에 귀 기울이기와 같은 구체적인 상황이 참된 사랑의 시금석이다. 가현설은 구체적으로 입증되는 사랑을 기피하려는 종교적 태도를 반영한다. 우리는 삶에 참여하여 삶의 검증을 받기보다는 삶을 평가하려는 유혹을 많이 받는다.[4]

그리스도께서 엉망으로 망가진 우리에게 헌신하셨다면, 우리도 그분을 따르는 자들에게 헌신해야 하지 않겠는가? 교회 상황이 혼란스러울 때 문을 박차고 나가버려야 할까? 그리스도를 닮아가려면 좋을 때나 나쁠 때나 회중과 함께 해야 하지 않을까?

교회의 문제들이 예수님을 닮는 데 방해가 된다고 생각하는 사람이 너무나 많다. 사실은 정반대이다: 교회 문제들에 참을성 있게 대처하는 것이 그리스도를 닮는 길이다.

디트리히 본회퍼의 말이 옳다. "비록 개인적인 의도가 정직하고 진지하며 희생적일지라도, 기독교 공동체의 꿈을 기독교 공동체 자체보다 더 사랑하는 자들은 그 공동체의 파괴자로 전락한다."[5]

---

4) C. FitzSimons Allison, *The Cruelty of Heresy* (Harrisburg, Pa : Morehouse, 1993), 37, 38.

나는 예수님을 그의 신부로부터 분리하고 싶지 않다. 그리스도의 신부가 그리스도를 더 닮게 되기를 나는 원한다. 두 연인이 여러 해 동안 함께 지내면 서로의 표정과 외모가 닮아가듯이, 나는 예수님을 더 많이 닮고 싶다. 교인들이 서로에게 헌신하며 서로를 독려하지 않는다면 그런 일은 일어나지 않을 것이다.

교회 공동의 고백에 순응하라

카르타고의 키프리아누스는, "당신이 교회라고 하는 어머니를 인정하지 않는 한 하나님 아버지도 함께 하시지 않는다."고 말했다. 종교개혁가들도 이 말을 인용했다. 나는 단서가 붙는 한 이 말이 정확하다고 본다. 구원에 관해 말한다면, 교회에 너무 많은 비중을 두고 싶지 않다. 성령은 우리를 하나님 나라의 시민으로 탄생시키신다. 교회는 그 도구이며 복음을 선포하는 대사(ambassador)이다. 그러나 '하나님 아버지께 대한 사랑이 교회의 어머니 같은 단속에 복종하도록 이끈다는 뜻이라면' 위의 말은 옳다.

키프리아누스의 말은 교회에 나가지 않는 그리스도인의 비정상 상태를 지적한다. 신약성경에는 그런 사람이 나오지 않는다. 그리스도인들은 지역교회에 소속되어 그리스도께 대한 신앙고백을 서로 확인한다. 이 고백이 우리의 신앙 인격을 형성한다.

교회가 우리를 형성시킨다. 매주일 모이는 것은 우리가 누구인지를 상기시키는 습관이다. 예수께 대한 믿음을 강화시킨다. '매주일은 주님을 위한 것' 임을 나타내는 달력에 따라 사는 삶은 우리와 우리의 가족을 놀라운 방향으로 변화시킨다.

---

5) Dietrich Bonhoeffer, *Life Together* (New York, HarperOne), 36.

다른 달력에 대해 생각해보라. 소매점에서 일하는 사람들은 쇼핑 달력을 알고 있다. 할로윈, 추수감사절, 크리스마스, 발렌타인데이, 부활절, 어머니날, 아버지날, 여름 특별세일……소매업자들은 어느 날에 매출이 급등하는지를 안다. 쇼핑객들도 그런 날에 맞추어 제품을 구입하는 경우가 많다.

스포츠 달력을 보라. 프로야구가 시작되면서부터 마칠 때까지 매경기가 소개되어 있다. 농구, 축구의 경기 일정도 적혀 있다. 이 시간표를 보고서 시즌 전 경기로부터 챔피언 결정 전까지 맞춰 우리의 일정을 조정할 수 있다.

> 교회가 우리를 형성시킨다.…
> 우리와 우리의 가족을
> 놀라운 방향으로 변화시킨다.

TV 방송 달력도 있다. 이 달력을 보고 저녁마다 자신이 원하는 TV 시청 시간을 맞춘다.

이 달력들은 저마다 유용하다. 아이들도 학교 일정표를 지니고 있다. 우리 일이 바쁠 때가 있고 한가할 때가 있다. 여름에는 휴가를 떠난다.

그러면, 교회 달력의 핵심은 무엇일까? 매주 주일 아침은 미니 부활절이다. 주일 아침마다 우리는 예수 그리스도가 주님이시며 하나님이 죽은 자 가운데서 그를 살리셨다고 하는 진리에 집중한다. 이 달력은 신앙 형성을 위해 중요하다. 그 진리에 집중하며 하나님의 가족과 함께 모임으로 우리의 삶을 매주 재점검한다.

세상 사람들은 일요일을 한 주간의 마지막 날로 보지만, 그리스도인에게는 일요일이 한 주의 첫 날이다. 이 날은 예수님이 무덤에서 다시 살아나신 날이다. 다시 사신 그리스도를 예배하러 모이는 날이다. 우리가 왕께 속한나는 사실을 자녀에게 보여주는 날이다. 우리는 신앙고백에 의해 성숙해져가고, 그 고백은 달력에 표시되어 있다.

의식과 전통들도 우리의 신앙을 형성시킨다. 매일 밤마다 자녀와 함께 기도하며 성경 이야기를 읽어주는 것이 그들의 삶에 큰 도움이 된다. (스포츠 경기를 놓치거나 여행에 합류하지 못하거나 댄스 공연을 보지 못하더라도) 매주일 예배에 우선순위를 두면 우리의 삶에 하나님이 얼마나 중요하신지를 자녀에게 알려주게 된다.

신앙 형성에 중요한 습관들이 얼마나 많은지 생각해보라. 쇼핑몰은 다감각 경험을 제공하여 우리 인성에 영향을 미친다. 어떤 도로 표지에는 최신 패션과 액세서리를 착용한 매력적인 모델 사진이 붙어 있다. 그들은 이렇게 말하고 있다. "이것은 네 모습이 아니다. 너는 도움이 필요해. 네가 어떻게 보일 수 있는지 보라! 이 제품을 구입만 하면 너는 '구원받을' 것이다."

축구 경기장에서 행해지는 의식을 생각해보라. 일어서기도 하고 앉기도 한다. 노래를 부른다. 음식과 음료수가 항상 그곳에 있다. 축구 경기 때 아나운서의 중계나 대형 스크린에 반응하는 사람들의 모습은, 앉았다 일어섰다 하며 성찬식에 참여하는 교회 예배의 모습을 연상시킨다.

이 모든 행사는 그 나름의 의식과 전통들을 포함하며 우리의 인격 형성에 영향을 미친다. 전통과 훈련과 습관의 힘은 강력하다. 그것들을 지혜롭게 선택해야 하는 것도 바로 그 때문이다. 그것들은 우리의 삶에 강력한 영향을 미친다.

전통과 훈련이 우리를 형성시켜 간다. 매주 몇 시간씩 계속 쇼핑몰을 방문해보라. 그러면 당신은 고객으로 변해갈 것이다. 축구 경기장을 매주 몇 시간씩 계속 찾아가보라. 그러면 당신은 관객으로 변해갈 것이다.

매주 교회에 출석하여 하나님 말씀을 들어보라. 그러면 당신은 왕이신 예수님을 예배하는 자로 변할 것이다.

어떤 이들은 이런 식의 영적 훈련에 반대하면서, "나는 습관적인 시늉을 원치 않는다."고 말한다. 그러나 양치나 목욕에 대해 그런 식으로 말하진 않을 것이다. '습관적인 행동'이 우리를 다듬어주지 않는가? 당신의 자녀가 "욕조에 들어가기 싫어요. 이번 주에는 씻고 싶지 않아요."라며 고집부린다면, 당신은 "그래 좋아. 네 마음이 내킬 때 해."라고 말하겠는가? "씻는 건 중요해. 어서 욕조에 들어가."라고 말할 것이다.

내가 마음으로 드리는 예배의 중요성을 무시하는 것이 아니다. 교회 생활에서 습관적 시늉만으로 만족해서는 안 된다. 우리는 마음 없이 입술로만 하나님을 예배하는 사람이고 싶지 않다. 그러나 마음이 따르기까지 예배를 기피하는 식으로는 그리스도를 닮아갈 수 없다.

우리는 형제자매들과 합류하며 우리의 마음을 새롭게 해주실 것을 하나님께 간구해야 한다. 그리고 우리의 행동과 전통을 통해 하나님의 부르심에 합당한 사람으로 변화시켜주시도록 기도해야 한다.

복음을 구현할 기회를 찾으라

세상은 복음을 증언하는 공동 증인들을 볼 필요가 있다. 우리가 다른 신자들과 더불어 부단히 언약적 친교를 나누지 않는다면, 복음 선포를 구현하지 못한다. 우리가 공동체에 속하지 않고서는 진정한 그리스도인일 수 없다. 우리는 서로를 필요로 한다. '함께' 선교사로 파송되었다.

우리가 함께 할 때 서로를 강화시킨다. 그리스도와 함께 일하는 누군가를 강화시키면 우리 자신이 상해진다. 우리는 주기 위해 존재하며, 줌으로써 받는다. 우리가 다른 사람들을 위한 일을 더 많이 할수록 우리 자신이 더 많이 성장한다. "우리는 교회에서 최선을 다하는 데 그치지 않는다. 우리 자신을 바친다."6)

프랜시스 찬은 갱단에서 구출된 한 젊은이에 대한 얘기를 들려준다. 그 젊은이는 열정으로 가득했으나, 몇 주 후부터 교회에 나오지 않았다. 교회에 나오지 않은 이유를 묻자 그가 말했다. "내가 교회를 잘못 봤어요. 세례받고 교회에 합류하면 갱단에 뛰어들었을 때처럼 될 거라고 생각했죠. 갱단에서는 곧바로 가족이 되었거든요. 그들은 하루 24시간 나를 돌봐줬어요. 내가 길거리에서 잠들면 그들도 나와 함께 거기서 잤어요. 우린 일주일에 한 번만 같이 있는 게 아니었죠. 줄곧 함께 했어요. 내가 교회를 잘못 이해했던 것 같아요."7)

불경스럽게 들릴 수도 있지만, 내 생각에는 그 교회의 교인들보다는 한때 갱단에 속했던 젊은이가 교회의 바른 모습에 대해 더 잘 이해했던 것 같다. 우리가 좁은 길을 계속 가기 위해서는 서로를 독려하고 서로에게 도전을 주어야 한다. 하나님이 맡기신 임무를 함께 이뤄가야 한다.

심판날을 위해 자신을 준비하라

우리에게 복음 공동체가 필요한 이유 중에 간과되기 쉬운 것이 하나 있다. 심판날에 대비하기 위해 교회가 필요하다. 지금 이 땅에서 나의 영적 상태를 판단할 유일한 사람이 나 자신이라고 생각하는 것은 두려운 일이다. 나 자신을 속이기가 얼마나 쉬운지 나는 알고 있다. 나의 영적

---

6) Jonathan Leeman, *The Church and the Surprising Offense of God's Love* (Wheaton, Ill.:Crossway, 2010), 129.

7) Francis Chan, "A Gathering Force" (Catalyst Space: http://www.catalystspace.com/content/read/article_francis_chan/).

상태를 가장 잘 판단할 수 있는 사람이 나 자신이라고 과연 말할 수 있을까? 그렇지 않다. 그리스도를 믿는 나의 신앙을 확인해줄 교회가 필요하다. 의심할 때 확신을 넣어주고 잘못할 때 사랑으로 책망하는 교회가 필요하다. 심판날이 임할 것이다!

젊은이들보다 연로한 자들이 교회에 더 충실한 경향이 있다. 물론 모든 교회에서 그런 것은 아니지만 대부분이 그렇다.

이 사실에 대한 이유는 여러 가지겠지만, 한 가지 분명한 이유가 있다: 연로한 자들이 주의 날이 가깝다는 사실에 더 민감하기 때문이다. 예수께서 곧 다시 오시거나 그들이 곧 예수님을 뵈러 갈 것이다. 인생의 마지막이 가까울수록 그리스도와의 동행이 더 중요함을 많이 자각할 것이다.

9·11 테러 후의 주일에 많은 사람이 교회를 찾은 이유가 무엇일까? 교통사고로 젊은이가 죽을 때마다 교회 청년회실이 가득 차는 이유는 무엇일까? 신앙적 나태함에서 잠시 깨어났기 때문이다. 인생이 짧고 내일이 보장되어 있지 않음을 우리는 깨닫는다. 그리스도를 위해 잘 살면 그분과 함께 죽음을 잘 맞을 것이다. 죽음을 맞을 준비를 잘 하는 것이 그리스도인의 삶의 중요한 부분이다.

> 그리스도를 위해 잘 살면 그분과 함께 죽음을 잘 맞을 것이다.

교회에 모임으로써—신앙고백을 함으로써, 그리스도의 몸에 의해 강건해짐으로써—얻는 유익들 중 하나는 죽음을 담대히 맞을 수 있는 준비를 갖춘다는 것이다. 죽음에 대처할 수 있는 사람으로 변해간다.

우리 몸에 특이한 증상이 나타날 때, 불치병에 걸렸다는 의사의 진단을 받을 때, 우리는 눈물을 거둘 수 있다. 그리스도인으로서 죽음을 정면으로 주시하며 이렇게 담대히 말할 수 있다. "너는 하나님의 선한 피조물의 원수이다. 내가 최선을 다해 너랑 싸우겠다. 하지만 설령 내가 너의 싸늘한 손아귀에 붙들리더라도 나는 네가 패배했음을 알고 있다. 너의 침은 사라졌다. 나는 곧 나의 구주와 함께 있을 것이다. 그가 너를 물리치셨고, 언젠가는 내 무덤도 영화로워진 내 몸을 풀어줄 것이다." 동료 교인들이 우리를 돌보고 위로하고 함께 울어주며, 우리의 죽음을 애도하고 우리의 영원한 삶을 기뻐할 것이다.

영적 권위에 기꺼이 복종하라

오늘날에는 여러 종교의 신념들을 취사선택하는 것이 인기다. 모든 종교가 추구하는 진리가 동일하다고 믿는 자들은, 성경이나 교회의 가르침 같은 외부적 권위에 복종할 필요가 없다고 생각한다. 자신의 권위를 선택하며, 자신의 진리를 자기 스스로 결정한다. 고도로 개인화되고 자율적이며 반권위적인 미국 문화에서는 반교회적 신념들이 주류다.

그러나 내 마음에 드는 무언가를 다른 종교들에서 골라내는 나 자신의 능력에 대해 나는 회의적이다. 나 자신의 결함을 너무나 잘 알기 때문에, 여러 세기에 걸쳐 축적된 지혜를 거부하고 아무도 인정하지 않는 나만의 견해를 채택할 수가 없다. 나는 나의 한계를 안다. 따라서 오늘에 이르기까지 그분과 동행했던 자들의 증언과 예수님과 동행하며 대화했던 자들의 증언을 신뢰하지 않을 수 없다.

예수 그리스도를 믿는다고 할 때, 우리는 예수님이 누구신지에 관해 신학적으로 고백하는 것이다. '그리스도'는 예수님의 성이 아니다. '메시아-왕'을 뜻한다. 다음에 신약성경을 읽을 때에는, '그리스도'를

'왕'이나 '메시아'로 대체해보라. 예수 그리스도가 왕이시라는 개념이 성경에 두루 깔려 있다는 사실에 놀랄 것이다.

우리는 왕국에서의 삶을 이해하기 힘든 시대에 살고 있다. 우리 대표를 우리가 뽑는다. 우리를 다스리는 왕은 없다. 우리가 싫어하는 지도자를 바꿀 수 있다. 정부의 정책에 참여하고 싶지 않으면 하지 않아도 된다. 투표도 강요받지 않는다.

그러나 하나님 나라는 민주주의 나라가 아니다. 예수님을 왕으로 섬기는 나라다. 세상의 왕에게 복종하듯이 하늘의 왕께도 복종해야 한다. 그러나 이 왕은 무분별하고 이기적인 압제자가 아니다. 하나님은 그 크신 사랑으로 우리를 당신의 임재 안으로 들어가게 하신다. 하나님을 예배하러 교회로 모이는 것을 의무로 느껴서는 안 된다. 특권처럼 느껴야 한다. 하나님은 당신의 임재 속으로 우리를 부르셨고, 그리스도의 십자가 사역을 통해 우리로 하여금 당신 앞에 설 수 있게 하셨다. 예수님은 하나님께 다가가게 하는 길이시며, 우리는 담대히 그렇게 할 수 있다!

우리는 왕이신 예수께 속하며, 이 왕은 우리를 부르셨다. 우리는 자발적인 참여자로서 교회에 속하는 것이 아니다. 우리가 교회에 속하는 것은 왕의 부르심에 응답했기 때문이다. 그 왕은 우리가 함께 모여 그의 말씀을 듣고 그가 맡기신 임무를 완수하도록 우리를 부르셨다.

무교회 복음은 영적 권위의 문제를 회피한다. 교회에 속하지 않는 자는 자신의 제자화를 자신의 손에 맡긴다. 그러나 하나님의 의도는 우리를 왕이신 그리스도께 복종시키는 것이며, 그리스도는 교회를 통해 그의

> 하나님의 의도는 우리를 그리스도께 복종시키는 것이며 그리스도는 교회를 통해 그의 권위를 행사하신다.

권위를 행사하신다.

'교회'라는 말은 건물을 가리키지 않는다. 헬라어 '에클레시아'는 회중이나 모인 공동체를 뜻한다. 교회의 주요 기능 중 하나는 함께 모이는 것이다. 이는 우리가 어떤 존재인지를 암시한다. 우리는 불러내심을 받은 자들이다. 하나님은 우리를 어둠의 나라에서 놀라운 빛 가운데로 불러내셨다. 그의 증인으로 부르셨다. 교회의 구성원이 되기 위해서는, 자신의 죄를 회개하고 예수님을 의지하며 그가 주이심을 고백해야 한다. 그러고 나서 세례를 받고 그를 따라야 한다. 우리는 하나님의 이름으로 부르심을 입은 하나님의 백성이다.

복음의 강력한 제시

교회를 향한 우리의 사랑은 복음을 강력히 드러내는 것이다. 그것은 우리로 하여금 이 무미건조한 세상에서 두드러진 맛을 내게 한다. 프랜시스 쉐퍼는 참된 그리스도인인지를 판단할 권한을 예수께서 세상 사람들에게 주셨고 그 판단의 근거는 우리가 서로 사랑하는지의 여부라고 말한다. "그것은 매우 놀랍다. 예수님은 세상 사람들에게 이렇게 말씀하신다. '내가 너희에게 말할 게 있다. 나의 권위에 근거하여 내가 너희에게 권한을 준다. 너희는 어떤 사람이 모든 그리스도인에게 사랑을 보이는지의 여부에 근거하여 그가 그리스도인인지를 판단할 수 있다.'"[8]

나는 쉐퍼의 말 중에서 끝 행을 약간 수정하고 싶다. 우리의 구원을 가장 잘 드러내는 것은 '모든' 그리스도인에 대한 사랑이 아니다. 교회에서

---

8) Francis Schaeffer, *The Mark of the Christian* (Wheaton, Ill.:Crossway, 1976), 161.

가까이 어울리는 그리스도인들에 대한 사랑이다. 그들은 우리가 세례받을 때 증인 역할을 했던, 성찬식 때 함께 떡을 떼었던 그리스도인들이다.

우리가 모든 곳의 모든 그리스도인에게 사랑을 나타내는 것은 불가능하다. 그러나 지역교회에 함께 속한 그리스도인들은 우리의 가족이다. 그리스도께서 우리를 사랑하셨듯이 우리가 그들을 사랑할 때, 우리는 그리스도인의 표시를 지니게 된다.

 | 이 장과 관련된 성경 말씀 |

교회의 모임

마태복음 18:15-20; 로마서 15:1-7; 고린도전서 11:17-33, 14:26; 히브리서 10:19-25

그리스도의 몸으로서의 교회

로마서 12:4-8; 고린도전서 12:12-27; 에베소서 1:20-23; 골로새서 1:18

"서로"

요한복음 13:14, 34, 35, 15:12, 17; 로마서 12:10, 15:14; 갈라디아서 5:13; 에베소서 4:2, 32, 5:19, 21; 빌립보서 2:3; 골로새서 3:13, 16:1; 데살로니가전서 4:18; 히 3:13; 야고보서 5:16; 베드로전서 3:8, 4:9; 요한이서 5절

성화

요한복음 14:15; 고린도후서 3:18, 5:17; 로마서 6:4, 8:13, 12:1, 13:4,12-14; 갈라디아서 5:16, 17; 골로새서 3:8-10; 빌립보서 1:6, 2:12,13; 베드로전서 1:15, 16; 요한일서 3:2

일그러진 복음들

일그러진 복음	이야기	선포	공동체
치유 복음	타락은 잠재력을 발휘하지 못하는 것을 뜻한다. 죄는 주로 우리의 문제로, 충족감을 빼앗아간다.	예수님의 죽음은 인간의 내재적 가치를 입증해준 것이며 우리로 하여금 잠재력을 온전히 발휘할 수 있게 한다.	교회는 우리 개인의 행복 추구와 직업적 성취를 도와준다.
심판 없는 복음	회복은 악에 대한 하나님의 심판이나 반역한 인간에 대한 그분의 대응보다는 하나님의 선하심에 중점을 둔다.	예수님의 죽음은 그 희생을 통해 하나님의 진노를 돌이키기 위함이라기보다는 인간의 대적들(사망, 죄, 사탄)을 멸하기 위한 것이다.	개인 전도가 급하지 않거나 불필요할 정도로 교회와 세상의 경계가 흐려진다.
도덕주의 복음	우리의 죄악 된 상태는 우리가 범하는 개개의 죄들로 인한 것이다. 하나님의 도우심으로 의지력을 행사함으로써 구원이 임한다.	좋은 소식이란 하나님의 은총과 축복을 얻기 위해 우리가 할 수 있는 일이 무엇인지에 관한 영적인 가르침이다.	교회는 같은 믿음을 가진 자들이 공동체의 기준들을 지키도록 서로를 독려하는 곳이다.
정적주의 복음	성경의 기사는 개인적이며, 삶의 영적인 영역에 주로 적용될 수 있다.	예수님의 죽음과 부활은 개인의 마음을 바꾸는 개인적이며 사적인 메시지다. 그것은 사회나, 정치와는 관련이 없다.	교회는 자기 보전에 초점을 맞추며, 사회 문화에 대한 관심을 억제함으로 그 독특성을 유지한다.
행동주의 복음	하나님 나라는 공정한 사회를 건설하려는 그리스도인의 노력을 통해 확장된다. 더 나은 세계를 위한 기도 응답은 우리에게 달렸다.	복음의 능력은 그리스도인에 의한 정치적, 사회적, 문화적 변혁을 통해 드러난다.	교회는 정치적 주장이나 사회적 프로젝트를 놓고 가장 강력하게 단합한다.
무교회 복음	성경의 줄거리는 개인 구원에 초점을 맞춘다. 믿음의 공동체에 관한 이야기는 주변적이다.	좋은 소식은 오직 개인의 구속을 위한 선포일 뿐이다.	지역교회는 개인의 영성에 도움을 주는 선택사항이거나 신앙생활의 장애물이다.

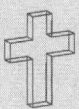

복음은 좋은 소식이다. 선포되어야 할 말씀이다.
복음 선포에 헌신하지 않고서는 **복음**에 헌신할 수 없다.
_ 팀 체스터와 스티브 티미스

● 끝맺는 말

복음의 증인들

신교로 이끌지 않는 복음은 전혀 복음이 아니다. 왜냐하면 성경적인 복음은 선교하시는 하나님의 마음을 계시하기 때문이다. 하지만 좋은 소식을 갈망하면서도 기독교의 진리를 외면하는 세상에 어떻게 하면 복음을 가장 잘 선포할 수 있을까? 어떻게 해야 복음의 신실한 증인이 될 수 있을까?

앞에서 우리는 복음이 세발의자와 같음을 살펴보았다. 복음 이야기는 복음 선포를 위한 배경을 제시하고, 복음 선포는 복음 공동체를 탄생시킨다. 많은 복음 전도 방법이 다른 두 다리를 배제한 채 한 다리에만 초점을 맞춘다. 그러나 복음을 증언하는 최선의 방법은 이들 세 측면의 각각을 통합하는 것이다.

복음 이야기를 말하라

고든 콘웰 신학교의 교수이자 전임 학장인 제임스 화이트는 한 성공회 신부에 대해 얘기한다. 어떤 부모가 십대 아들의 질문들로 빼곡한 메모지를 가지고 그를 찾아왔다고 한다. 그 질문 중 하나는 이런 내용이었다. "십자가에 달린 사람은 왜 그렇게 했나요?"[1]

과거에는, 많은 미국인이 기독교 신앙에 대해 피상적인 지식이라도 갖고 있었다. 교회에 출석하지 않거나 그리스도인 이웃의 종교적 신념을 받아들이지 않는 자들은 그들이 거부하는 종교(기독교)가 무엇인지 알고 있었다.

오늘날 미국은 급속히 변하고 있다. 더 이상 우리는 사람들이 교회에 가거나 하나님과의 관계를 가져야 할 필요성을 본능적으로 느낀다고 생각하지 않는다. 복음을 선포할 때, 우리는 사람들이 기독교를 어느 정도 이해하고 있다고 가정할 수 없다. 기독교 국가는 사라지고 있다.

신학생 시절에, 나는 학교 적응이 어려운 아이들을 돕는 지도교사로 파트타임 일을 했다. 그 중 한 가정에 복음을 소개하기 시작했다. 그 가족은 '패션 오브 크라이스트 The Passion of Christ'를 보고 감동의 눈물을 흘렸다고 했다. 하지만 그들은 그 영화가 왜 그토록 감동적인지를 몰랐다. 그래서 어느 날 성경 전체를 한 시간 안에 좀 설명해달라고 내게 부탁했다. 정말 난감했다. 기독교의 핵심 진리들을 전혀 모르는 가족에게 어떻게 복음을 전할까?

이 경우에 우리는 엠마오로 가는 길에서 예수님이 하셨던 대로 하면

---

[1] James Emery White, *Christ Among the Dragons* (Downers Grove, Ill.:InterVarsity, 2010), 86.

된다. 그는 모든 역사가 그의 죽음과 부활을 중심으로 전개된다는 점을 제자들에게 가르치셨다(참조, 눅 24:15-27). 우리의 친구나 가족이 기독교에 관심을 표할 때, 우리는 다섯 가지 이상의 요점을 그들에게 말해줄 수 있어야 한다. 그들의 질문에 충분히 답할 수 있을 정도로 복음을 잘 알아야 한다.

이전 세대들에서는, '사영리'나 전도폭발 프로그램 같은 도구들이 개인 복음 전도에 많이 활용되었다. 이 도구들은 많은 사람에게 유용했다. 주님은 이런 방법을 계속 사용하신다. 하지만 우리 사회가 점차 포스트 기독교(Post Chritian)의 방향으로 나아가기 때문에, 이 방법들은 낡았다는 느낌을 주기 시작한다. 왜 그럴까? 이들은 복음 이야기의 배경을 제시하지 않은 채 복음 선포에 초점을 맞추기 때문이다.

전통적인 선도 전략들이 말하는 내용에 반드시 결함이 있는 것은 아니다. 그러나 그것들이 가정하는 내용에 결함이 있다. 이 방법들은 불신자가 이미 기본적인 성경 지식을 지니고 있다고 가정한다. 그러나 하나님의 성품을 이해하고 죄의 특성을 파악하게 하는 종교적인 틀 없이는, 전도 내용이 제대로 이해되지 않는다. 불행하게도, 오늘날 이 사실을 이해하는 사람은 극히 드물다.

'로마서의 길'(Romans Road) —로마서의 구절들로 구원의 복음을 설명하는 방법역자 주 —로 알려진 방법도 '창조, 타락, 구속, 회복'이라는 보다 넓은 문맥 안에서 제시되지 않으면 불충분하다. 그 방법은 대개 로마서 3:23("모든 사람이 죄를 범하였으매 하나님의 영광에 이르지 못하더니")로 시작하여 죄에 대한 형벌(6:23), 하나님의 개입(5:8), 그리고 우리의 응답(10:9, 10, 13) 순으로 설명해간다. 나도 이 방법을 여러 차례 사용했다. 그 내용도 성경 말씀이다. 성경으로 복음을 설명하는 데는 누구도 반론을 제기하지 않는다.

하지만 '로마서의 길'의 문제는 그것이 처음부터 시작하지 않는다는 점이다. 그것은 하나님으로부터 시작하지 않는다. 로마서 역시 로마서 3:23로부터 시작하지 않는다. 로마서 1장에서, 바울은 하나님의 성품과 인간 반역의 황폐한 결과에 대해 언급한다. 로마서 2장은 유대인과 이방인을 포함한 우리 모두를 고발한다. 로마서 3장은 인간 본성의 타락을 강조한다.

달리 말해서, '로마서의 길'도 성경 이야기 안에서만 제대로 이해된다. 이 방법은 하나님이 누구신지, 하나님이 무엇을 요구하시는지, 우리가 누구인지, 우리의 문제점이 무엇인지, 그리고 회복을 위해 하나님이 역사 속에서 어떻게 행하셨는지에 대한 사전 지식을 전세로 한다.

'로마서의 길' 접근법의 결함은 성경 구절이 아니라 이 구절들을 이해시키는 틀이 없다는 점이다. 복음 진리들을 이해하게 하는 성경적 틀이 배제되면, '로마서의 길'은 성경 이야기와 연결되지 않은 채 조잡하게 끼워 맞춰진 진술들에 불과하다.

따라서 복음을 제시할 때는 이야기를 말해줄 필요가 있다. 성경 줄거리의 윤곽을 따라가라. 단편적 사실에서 결론을 도출하는 것을 두려워하지 말라. 때로는, 비그리스도인들이 어떤 성경 이야기들은 기억하면서도 그것이 성경의 줄거리나 그리스도와 어떻게 연결되는지를 모른다.

성경 이야기를 제시하는 데 도움이 되는 귀한 자료들이 있다. 아동 도서 두 권이 특히 유용하다. 『그림 이야기 성경』과 『예수님 이야기책 성경』이다.[2]

나는 종종 이 책들을 선물한다. 아이들에게 이것들을 읽어주면서 부모도 복음 이야기를 배울 수 있다.

그레엄 골즈워디의 『계획에 따라 According to Plan』와 보건 로버츠의 『하나님의 큰 그림 God's Big Picture』 같은 책들도 유용한 자료이다. 『더 스토리 The Story』는 웹사이트와 인쇄물을 활용한 글로서 (참조 www.spreadtruth.com) 네 가지 핵심 질문에 비추어 복음 메시지를 설명한다: 모든 것이 어떻게 시작되었나?(창조) 무엇이 잘못되었나?(타락) 무슨 일이 이루어졌나?(구원) 미래는 어떻게 될 것인가?(회복)

이에 대한 대답은 하나님의 창조와 인류의 타락, 그리고 하나님의 구원과 회복이다.

어떤 종류든, 복음을 나누기에 가장 적합한 방법을 활용하라. 다만 복음 이야기의 기초적인 개요를 반드시 알려주라.

복음 선포를 잊지 말라

구속에 관한 성경 이야기에 너무 초점을 맞춘 나머지, 죄인들에게 믿음의 세계로 건너오라고 촉구하는 복음 선포를 간과할 수도 있다. 우리는 세상을 위한 복음 이야기를 개개의 죄인들을 위한 복음 이야기로 전환하는 것을 잊을 수 있다. 이들 개개인은 그들을 대신하여 이루신 그리스도의 사역을 받아들여야 할 자들이다.

좋은 소식을 전함에 있어 복음 선포는 필수적이다. 성경에 충실한 방

---

2) David R. Helm과 Gail Schoonmaker, *The Big Picture Story Bible* (Wheaton, Ill. Crossway, 2004); Sally Lloyd-Jones, *The Jesus Storybook Bible* (Grand Rapids: Zondervan, 2007).

식으로 복음을 선포하려면 어떻게 해야 할까?

나는 복음서에서 시작하는 것이 좋다고 생각한다. 가장 기본적인 차원에서, 복음 선포란 예수님에 관한 이야기를 전하는 것이다. 여러 주에 걸쳐 모임을 가질 수 있는 경우라면, '크리스채너티 익스플로드' 과정을 거친 후에 마가복음을 읽는 것이 좋다.[3]

마태복음이나 누가복음 또는 요한복음을 함께 읽을 수도 있다.

짧은 시간 동안 만나는 경우라면 창조, 타락, 구속, 회복에 관한 복음 이야기를 개괄적으로 설명하고 나서, 예수님에 관한 이야기의 윤곽을 따라가면서 복음을 선포하면 될 것이다. 예수님의 신성, 그의 동정녀 탄생, 시험당하심, 그의 이적, 가르침, 그리고 그의 사역에 관해 얘기하라. 예수님에 대해서만 얘기하라! 얘기 중에 신학적인 의문이 생기면, 복음서를 펴서 함께 읽어보라.

> 예수님에 대해서만 얘기하라!
> …복음서를 펴서 함께 읽어보라.

복음을 나눌 때 자신이 하고 있는 일이 무엇인지 잊지 말라: 당신은 상대방에게 회개하고 예수님을 영접하며 남은 생애 동안 그리스도를 따를 것을 촉구하고 있다. 예수님에 대해 거의 모르는 사람에게 그분을 따르라고 촉구하는 것은 너무 섣부르지 않는가? 예수님은 '천국'이나 '목적 있는 삶' 또는 '시련 중의 평안' 같은 목적을 위한 수단에 불과한 분이 아니시다. 예수님이 목적이시다. 우리는 상대방에게 영원한 운명을 '신속히' 결정하라고 촉구하는 것이 아니다. 왕이신 예수님을 의지하고 사랑하며 따르라고 촉구하는 것이다. 그들이 따라야 할 예수님을 아는 것

---

[3] Rico Tice와 Barry Cooper, *Christianity Explored* (New Malden, Surrey, UK: Good News Company, 2005). Amazon.com에서 구입 가능.

이 가장 중요하다. 사람들에게 예수님을 소개하는 최선의 방법은 복음서로 이끄는 것이다.

일단 어떤 사람에게 예수님을 소개했다면 이제 복음을 선포할 차례이다. "이 메시아- 왕께서 당신의 죄로 인해 십자가에 달리셨다가 죽은 자 가운데서 살아나셨으며 이제 온 세상의 주님으로 계십니다."

그리스도의 죽음에 대해 그리고 어떻게 그것이 우리에게 적용되는지 설명하라. 부활의 의의를 설명하라. 왕이신 예수께 복종하는 것이 무엇을 뜻하는지 설명하라.

적절히 실행된 복음 선포는 응답 촉구로 이어진다. 예수님에 관한 이야기를 전하는 것만으로 우리의 일이 끝나진 않는다. 죄를 회개하도록, 우리를 위해 십자가에 달리신 그리스도의 사역을 의지하도록 촉구해야 한다. 언제 어떻게 회개와 믿음을 촉구할지를 지혜롭게 분간하는 것이 중요하지만, 어쨌든 결단으로 나아가게 해야 한다. 그들이 아직 하나님 나라의 일원이 아님을, 그리고 죄를 회개하고 오직 그리스도를 의지함으로써 그 나라로 들어서야 함을 깨달아야 한다.

복음 공동체로 초청하라

복음을 나누는 것을 교회나 기독교 단체의 활동으로 초청하는 것과 동일시하는 이들이 많다. 사람들이 교회에서 복음을 들어야 한다는 것이다. "중요한 것은 복음을 우리 입술로가 아니라 우리의 삶으로 선포하는 것"이라고 그들은 말한다. "우리의 생활양식으로 복음을 전하는 것이 어떻겠는가?"

이 견해를 반박하는 자들도 있다. "복음은 말로 선포하는 것이다. 우리의 생활양식은 복음이 아니다. 그것은 단지 복음 전도를 뒷받침해줄 뿐이다. 사람을 교회로 초청하는 것은 복음을 나누는 것이 아니다!"

이 점을 신중하게 논의할 필요가 있다. 먼저, 복음 선포가, 대부분의 경우 말로 행해져야 함을 우리는 기억해야 한다. 우리는 복음의 진리를 말로 전한다. 행동으로 복음을 선포하도록 하나님이 정하신 방법은 두 가지이다(세례와 성찬식). 아시시의 프랜시스의 말로 오인된 문구가 있다. "항상 복음을 전하라. 필요하면 말을 사용하라." 그러나 프랜시스는 지상명령("만민에게 복음을 전하라", 막 16장)을 문자적으로 받아들였다. 그래서 새와 들짐승들에게도 전도했다. 따라서 나는 생활방식을 통한 복음 전도란 부적절하다고 생각한다.

> 행동으로 복음을 선포하도록 하나님이 정하신 방법은 두 가지다(세례와 성찬식).

반면에, 복음 공동체의 행위를 목격하도록 사람들을 초청하는 것도 중요한 의미를 지닌다. '생활방식 복음 전도'를 주장하는 자들도 한 가지 중요한 사실을 상기시킨다: 우리가 증인인 자신의 모습을 배제하고서 복음을 증언할 수는 없다. 말로 행하는 복음 증언은 우리의 삶과 행위에 의해 뒷받침된다.

말로 복음을 전하는 것과 우리의 행위를 동일시하는 견해에는 내가 동의하지 않는다. 하지만 나는 '생활방식'과 '교회에 초점을 맞춘' 복음 전도 전략이 복음을 구현한 실체인 기독교 공동체의 능력을 적절히 상기시킨다고 믿는다.

따라서 나는 이렇게 권하고 싶다. "복음 이야기를 들려주라. 복음을 선포하라. 사람들을 복음 공동체로 초청하라." 어떤 사람과 더불어 복음을 나누었다면, 그를 교회로 초청하라. 교회 예배가 어떻게 진행되는지 그에게 보여주라. 당신의 가정과 삶을 그에게 개방하라. 교인들이 서로를 어떻게 섬기는지, 서로를 위해 어떻게 기도하는지, 서로에게 어떻게 도전을 주며 격려하는지 그에게 보여주라. 교회는 우리가 선포하는 복음의 산 증거가 되어야 한다.

오늘날 어떤 목사들은 '믿기 전에 소속'이라는 개념을 내세운다. '소속'이 그리스도를 믿기 전에 교회에 출석하는 자들을 환영한다는 의미로 받아들여진다면, 나는 찬성이다. 그러나 이 개념이 그리스도를 믿는 믿음의 절실함을 경시할까봐 우려된다. 아직 그리스도를 믿지 않는 자들을 성찬식에 참여시키고 선교 여행에 동참시키는 등 그리스도인처럼 여기면 도리어 역효과를 낳는다. 아무리 좋은 의도에서라도, 이런 식으로 말하는 교회는 신앙 결단의 중요성을 약화시킨다.

교회 예배에 참석하는 사람들을 환영하라. 그들에게 복음 공동체의 모습을 샅샅이 보여주라. 그러나 믿음과 불신, 구원받은 상태와 구원받지 못한 상태, 교회 출석과 교회 소속 간의 경계선을 명확히 하라. 이러한 구분은 세상을 향한 우리의 증언을 도와주며 누가 하나님의 백성인지에 대한 혼란을 막아준다.

이야기, 선포, 공동체

복음은 빠져들어야 할 이야기이며 선포되어야 할 선포다. 그리고 복음은 경험되어야 할 공동체를 탄생시킨다. 나는 본서가 복음에 관한 그리고 경계되어야 할 가짜 복음에 관한 결정판으로 여겨지지 않기를 기도한다. 다만 본서가 우리의 삶을 변화시키는 복음의 능력과 복음에 관한 또 한 권의 유용한 참고서로 보태지기를 기도한다. 은혜의 하나님이 당신의 복음을 세상에 전할 수 있도록 우리를 은혜로 채워주시길 기원한다.

● 감사의 말

2009년 한해에만, 인간 역사상 처음으로 백만 권 이상의 책들이 출간되었다. 그 많은 책 중에서 이 특정한 시기에 이 특정한 책을 선택한 독자들에게 큰 감사를 표하고 싶다. 이 책을 읽을 시간을 할애한 독자들에게 감사드리며, '가장 중요한' 문제들을 숙고할 때 본서에서 믿을 만한 도움을 얻게 되기를 기도한다.

이 책을 집필하는 동안 격려와 지지를 아끼지 않았던 아내 코리나에게 깊은 감사를 표한다. 내게 기독교 유산을 물려주신 부모님과 조부모님께 감사드린다. 우리 가족을 위해 끊임없이 기도하시는 장인과 장모님께도 감사드린다. 식탁에서 이 문제들을 놓고 대화했던 내 형제들 저스틴과 웨스턴, 그리고 누이인 티파니에게 감사를 표한다.

켄 폴크와 케빈 민치 두 목사님에게 감사드린다. 이들은 성경적인 복음을 명쾌하고 일관되게 선포해왔다. 일부러 시간을 내어 본서 내용을 읽고 조언해준 목사님들과 학자들과 저자들에게도 감사드린다. 서문을 써준 매트 챈들러에게 특별히 감사드린다. 그와 그의 교회는 함께 시련을 극복해가며 복음을 구현해나가고 있다.

많은 친구가 건설적인 비판과 유익한 견해들을 제시해주었다: 필립 베산쿠르, 마이클 버드, 크리스 브라운스, 대릴 대쉬, 케빈 드영, 마크 갈리, J. D. 그리어, 오웬 스트라칸, 보비 제미슨, 조나단 리먼, 스콧 롱, 토니 메리다, 에릭 페터슨, 그리고 켄과 캐리 색슨.

본서를 위한 아이디어를 처음 제공해준 매디슨 트래멀에게도 감사드린다. 그는 집필 과정에서 줄곧 편집상의 조언을 아끼지 않았다. 이 작업을 위해 열정과 유익한 통찰을 보여주었던, 무디 출판사의 기획편집자 데이브 드위트와 개발편집자 크리스 리즈와 짐 빈센트에게도 감사드린다.

사명선언문

너희가 흠이 없고 순전하여……세상에서 그들 가운데 빛들로
나타내며 생명의 말씀을 밝혀 _ 빌 2:15-16

1. 생명을 담겠습니다
만드는 책에 주님 주신 생명을 담겠습니다.
그 책으로 복음을 선포하겠습니다.

2. 말씀을 밝히겠습니다
생명의 근본은 말씀입니다.
말씀을 밝혀 성도와 교회의 성장을 돕겠습니다.

3. 빛이 되겠습니다
시대와 영혼의 어두움을 밝혀 주님 앞으로 이끄는
빛이 되는 책을 만들겠습니다.

4. 순전히 행하겠습니다
책을 만들고 전하는 일과 경영하는 일에 부끄러움이 없는
정직함으로 행하겠습니다.

5. 끝까지 전파하겠습니다
모든 사람에게, 땅 끝까지, 주님 오시는 그날까지
복음을 전하는 사명을 다하겠습니다.

서점 안내

광화문점 서울시 종로구 새문안로 69 구세군회관 1층
         02)737-2288 / 02)737-4623(F)

강남점   서울시 서초구 신반포로 177 반포쇼핑타운 3동 2층
         02)595-1211 / 02)595-3549(F)

구로점   서울시 동작구 시흥대로 602, 3층 302호
         02)858-8744 / 02)838-0653(F)

노원점   서울시 노원구 동일로 1366 삼봉빌딩 지하 1층
         02)938-7979 / 02)3391-6169(F)

일산점   경기도 고양시 일산서구 중앙로 1391 레이크타운 지하 1층
         031)916-8787 / 031)916-8788(F)

의정부점 경기도 의정부시 청사로47번길 12 성산타워 3층
         031)845-0600 / 031)852-6930(F)

인터넷서점 www.lifebook.co.kr